贝壳学术

贝壳新时代书系

高校信息化建设与管理研究

邢强　著

中国财经出版传媒集团
中国财政经济出版社

图书在版编目（CIP）数据

高校信息化建设与管理研究／邢强著．--北京：中国财政经济出版社，2021.11

（贝壳新时代书系）

ISBN 978－7－5223－0837－1

Ⅰ.①高…　Ⅱ.①邢…　Ⅲ.①高等学校－信息化建设－研究－中国　Ⅳ.①G649.2

中国版本图书馆 CIP 数据核字（2021）第 206825 号

责任编辑：崔岱远　　　　责任印制：刘春年

封面设计：陈宇琰　　　　责任校对：徐艳丽

高校信息化建设与管理研究

GAOXIAO XINXIHUA JIANSHE YU GUANLI YANJIU

中国财政经济出版社 出版

URL：http：//www.cfeph.cn

E－mail：cfeph@cfeph.cn

社址：北京市海淀区阜成路甲 28 号　邮政编码：100142

营销中心电话：010－88191522

天猫网店：中国财政经济出版社旗舰店

网址：https：//zgczjjcbs.tmall.com

北京时捷印刷有限公司印刷　各地新华书店经销

成品尺寸：170mm×240mm　16 开　13.75 印张　200 000 字

2021 年 11 月第 1 版　2021 年 11 月北京第 1 次印刷

定价：85.00 元

ISBN 978－7－5223－0837－1

（图书出现印装问题，本社负责调换，电话：010－88190548）

本社质量投诉电话：010－88190744

打击盗版举报热线：010－88191661　QQ：2242791300

前言

云计算、物联网、移动应用、大数据、移动互联网等新一轮社会生产变革正在汹涌袭来，信息技术对高校的突破性革新也在日趋深入。在互联网时代的科技驱动下，在党中央、国务院对教育信息化工作的要求下，高校的信息化建设与管理承载着时代的责任感和使命感，引领着高校从“数字校园”到“智慧校园”的转型、发展与创新。

近几年，我国高校信息化建设正在逐步推进，信息化建设已经成了高校发展和改革的主要方向，也成了高校推动教改创新的重要手段。

从意义上来说，高校信息化建设与管理主要表现在以下几方面。

一是可以推动信息化与高等教育教学、科研的融合与创新。高校信息化建设立足于服务，在服务教学、科研的基础上，可以促进教育教学改革、教学模式创新、学习方式变革等。

二是可以服务优质教育资源建设与共享。利用信息技术构建平台，为师生提供更加便利的资源分享平台，不仅可以扩大信息分享的广度，还可以提高信息索取的深度，促进教育资源共享机制的完善。

三是可以完善教育信息化管理。国家对教育信息化的指导思想主要强调：要制定校园信息资源的管理要求，构建教育管理信息系统，以便加快信息化管理进程，促进管理标准化。标准的信息化管理，可以节约信息录入的时间成本、提高信息提取的精确度、扩大信息共享的范围等。

本书坚持理论与实践相结合，围绕高校信息化建设与管理的实践需求建构章节内容的整体框架，从我国高校信息化建设与发展概述、“互联网＋”背景下的高校教育信息化、高校信息化教学策略研究、高校数字化校园建设、高校大数据建设、高校网络安全建设、高校信息化建设的机制和资源保障、高校信息化建设的评价等多个侧面多个角度对高校信息化建设与管理进行透视，理论客观新颖，紧跟时代步伐，可供教育信息化实践者、学科教师及研究人员参考与学习。

本书在撰写过程中得到了一些教育技术和信息化专家同仁的帮助，也参考借鉴了大量国内外专家与学者的著作与论文，在此一并致上诚挚的谢意。

目　　录

第一章　我国高校信息化建设与发展概述

第一节 教育信息化发展现状与趋势

我国的教育信息化发端于20世纪70年代末。1978年全国教育工作会议下发的《关于电化教育工作的初步规划（讨论稿）》，为我国电化教育事业的发展奠定了基调。这份文件同时指出“要制订加速发展电视、广播等现代化教育手段的措施，这是多快好省发展教育事业的重要途径，必须引起充分的重视”“教育部和各地教育行政部门要采取切实有效的措施，比如充分利用广播、电视，举办各种训练班、进修班，编印教学参考资料等，大力培训师资”。

进入21世纪的第二个十年，备受瞩目的《国家中长期教育改革和发展规划纲要（2010—2020年）》（以下简称《教育规划纲要》）于2010年7月正式发布，《教育规划纲要》是今后一个时期指导全国教育改革和发展的纲领性文件。《教育规划纲要》明确指出“信息技术对教育发展具有革命性影响，必须予以高度重视”，第十九章题为“加快教育信息化进程”，从加快教育信息基础设施建设、加强优质教育资源开发与应用、构建国家教育管理信息系统三个方面提出具体发展要求。《教育规划纲要》还将基础教育信息化建设列为亟待实施的十大工程之一，从每百名学生拥有计算机台数、国家数字化教学资源库、公共服务平台、国家级和省级教育基础信息库建设等方面提出具体要求。

2012年3月，教育部正式颁布了《教育信息化十年发展规划（2011—2020年）》（以下简称《教育信息化规划》），具体落实《教育规划纲要》中的教育信息化内容，明确了未来几年教育信息化的发展目标、方向、任务和措施。《教育信息化规划》围绕信息技术在教育中的实际应用，以突出强调技术与教育的深度融合为着力点，分总体战略、发展任务、行动计划、保障措施四大部分，用二十章具体阐述未来教育信息化发展的目标。特别是“八大发展任务”“五大行动计划”作为规划的核心，更是将所有的教育信息化建设项目统筹到五大行动计划的框架内，为今后发展提出了明确的要求。“八大发展任务”分别是“缩小基础教育数字鸿沟，促进优质教育资源共享”“加快职业教育信息化建设，支持高素质技能型人才培养”“推动信息技术与高等教育深度融合，创新人才培养模式”“构建继续教育公共服务平台，完善终身教育体系”“整合信息资源，提高教育管理现代化水平”“建设信息化公共支撑环境，提升公共服务能力和水平”“加强队伍建设，增强信息化应用与服务能力”“创新体制机制，实现教育信息化可持续发展”。“五大行动计划”分别是“优质数字教育资源建设与共享行动”“学校信息化能力建设与提升行动”“国家教育管理信息系统建设行动”“教育信息化可持续发展能力建设行动”“教育信息化基础能力建设行动”。

“八大发展任务”和“五大行动计划”的前提是我国教育信息化的发展现状，规划编制专家组组长、华中师范大学校长杨宗凯教授在谈到框架设计思路时，对我国教育信息化发展现状做出了如下总结：“近年来，随着面向21世纪教育振兴行动计划、校校通、农远工程、教师网联等一系列重大工程的部署和实施，我国教育信息化进入快速发展时期，取得了显著成绩，主要体现在如下方面：一是教育信息化基础设施建设有了较快发展，初步形成了‘天地合一’的教育信息网络；二是数字教育资源体系初具规模，义务教育、职业教育、高等教育等各类教育的数字资源开发和共享资源库建设都取得了很大进展；三是应用水平有了明显提高，各级各类学校开始积极采用信息技术改进教学方式，信息技术在教学中的应用不断深化；四是教育管理信息化水平显著提升，招生录取、就业认证、学籍管理等电子政务、电子校务系统都有了较大发展。”

我国的教育信息化发展也存在提升空间。与我国教育发展实际需求相比，教育信息化发展水平依然相对滞后。在各级各类教育需求方面，我国尚未实现中小学校宽带网络全覆盖，校园网普及率不足30%，基础教育资源共享水平低下，资源数量、质量均有欠缺；职业教育信息化发展严重滞后，信息化实践教学水平不高；高等教育信息化亟待发展，对创新人才培养的支持力度亟待加强；教育管理信息化还只初步解决了有无问题，尚未实现全面数据互通，“信息孤岛”现象依然普遍，“机构重组”和“流程再造”还无从谈起。

第二节　我国高校信息化建设基础设施状况

一、信息化基础设施建设基本到位

随着以计算机和网络为基础的现代信息通信技术的发展，计算机网络逐渐成为我国教育信息化发展的主要方向。1994 年，由清华大学等六所高等学校承担建设和运行的全国性学术计算机互联网络“中国教育和科研计算机网”（CERNET）正式开通，该网络连接北京、上海、广州、南京、西安五座城市，并与 INTERNET 互联，成为我国第一个运行传输控制协议/因特网互联协议（TCP/IP 协议）的全国性计算机互联网络。经过二十余年的发展，高校信息化基础设施建设获得长足发展，无论是计算机数量还是网络覆盖情况都有了很大的提高，尤其是在社会移动网络迅速普及的情况下，高校的互联网接入覆盖范围越来越广泛，高带宽、可信任、可控可管的校园网络环境基本上已经建成。

（一）网络接口与 IP 地址总数

目前，国内的高校几乎都连接了互联网，不同类型的学校在全校网络接口总数上差异非常大。据统计，“211”院校中，94% 的院校网络接口总数在1万个以上，网络接口总数超过3万个的院校占40%以上；一般全日制高校中，50.85%的学校网络接口总数在1万个到3万个之间；高职高专院校网络接口总数较少，40%的学校网络接口总数在5000个以下，这是高职高专院校亟待改善的状况。从地域上看，各地区学校的网络接口总数大多在1万个至3万个之间，校内网络条件最好的是华南地区，83.34%的学校网络接口数超过1万个。与2011年数据相比，华中地区和华东地区学校网络接口的数量变化较小，西北地区很多学校网络接口数增加明显，西南地区和华北地区信息化基础设施建设薄弱校的比例也在缩小，这一现象也与地区经济发展状况有关。

（二）带宽及利用率

网络出口带宽的“瓶颈”，是高校普遍关注的问题。“211”院校的网络出口带宽与其他院校的相比，有着明显的优势。“211”院校中出口带宽在3000MB以上的比例远远高于其他院校，达到81.25%。带宽情况，从地区上来看，东部地区优于西部地区，华南地区出口带宽情况最好，出口带宽千兆以上的学校比例最高。

在校园网出口带宽平均利用率方面，60%以上的“211”院校出口带宽利用率超过或接近80%，均已超过网络带宽利用率60%的警戒线。虽然各高校每年不断加大在提升出口带宽上的投入，但人们对互联网的依赖越来越大，网络拥堵问题依然突出，网络扩容和升级是高校信息化需持续面对的工作。

（三）校园无线网覆盖与网速

我国高校无线网的建设起步较晚，但发展速度很快。中国内地高校的无线网络建设是从2002年开始的。2002年5月，北京大学开始实施校本部的无线网络建设，随后清华大学、上海交通大学、北京航空航天大学等高校相继推出了校园无线网计划。特别是2002年召开高校无线校园网络建设研讨会之后，各高校纷纷加速实施校园无线网建设，“985”高校、“211”院校迅速投入大量资金和技术的支持，用于校园无线网络建设。在“互联网＋”时代，无线网络与智能手持终端的完美契合不仅使海量的信息资源可以便捷、快速直观地呈现在高校师生面前，而且因其“互联”的特性，每一个终端背后的个体，可以超越时间与空间进行沟通与交流，从而为无线网的建设带来了新的机遇和挑战。

从全国高校统一部署的无线访问节点（Access Point，AP）数量统计来看，“211”院校要领先很多，一般本科院校和高职高专还需要改善。“211”院校中，校园无线访问节点总数在1000个以上的比例高达46.43%；无线访问节点总数在100个以下的，高职高专院校所占比例高达46.94%，“211”院校仅占8.93%。对无线网络在高校公共区域的覆盖情况的调查显示，绝大部分高校的公共区域无线覆盖比例都达到了50%，公共区域主要包括教室、机房、图书馆等。从地区分布上来看，高校公共区域的无线网络覆盖率集中在51%至75%的区间，西北地区、华南地区院校的无线网络较为普及，无线网络使用最为普遍的是华东地区院校，华东地区、华北地区院校的无线网络覆盖率一直保持着良好的势头，无线网络覆盖区域低于75%的是东北地区、华中地区和华南地区院校。数据显示，2012年以后，全国高校所有地区的无线访问节点的规划和部署水平都相对提高。由于无线网络具有高效、便捷和灵活等诸多优点，师生对用户体验度要求高，流畅的网速成为无线网络建设主流目标。从调查结果看，各地域的无线网络速度基本达到了“非常流畅”这一指标，华东地区和西北地区“非常流畅”率为80%以上，华南地区有30%以上的学校认为无线网络速度只能满足一般需求。

二、高校信息化系统运维状况

运维服务是伴随着信息化建设而产生的，在信息化项目的生命周期中，运维服务占据了大约80%的时间。良好的运维服务体系是信息化基础设施与应用系统能够正常运转的基础，是用户能够真正依赖信息化设施开展工作的保障。尽管各高校信息技术部门都具备一定的开发能力，但是目前大部分院校选择使用外部服务商提供的信息系统，这样一方面可以弥补自身信息技术能力的不足，在一定程度上节省成本，解决人员编制问题；另一方面可以在外包过程中汲取他校的管理经验，优化自身的管理流程。通常，信息系统硬件部分通过招标委托代理商进行采购；常用的信息系统，例如人事系统、财务系统、学工系统和校友系统等，多采购商业系统而非靠自己队伍研发。一些高校还将二级网站交由专门的公司制作和维护，比较普遍的外包工作还包括：宿舍区网络维护、机房网络设备检查、常见计算机应用问题咨询等程序化的任务。不少高校也已经意识到，信息技术外包可以利用外部服务商的优质资源；同时有必要提升信息技术部门的技术能力和管理能力以避免来自内部的风险，维护好与服务商的外包关系以规避外部风险；在与社会公司或服务提供商合作的过程中，始终强调学校的主导地位。

三、高校信息化安全工作的部署和技术手段

2013年以来，中国政府采取了一系列重大举措加大网络安全和信息化发展的力度。党的十八届三中全会《中共中央关于全面深化改革若干重大问题的决定》明确提出，要坚持积极利用、科学发展、依法管理、确保安全的方针，加大依法管理网络力度，加快完善互联网管理领导体制。教育部发布的《2017年信息化工作要点》明确提出，要提高教育行业网络安全信息保障能力，增强网络安全监测预警和应急响应能力。作为高等学府，高校网络的数据关系着教育教学、科研成果和人才培养质量等，来自网络的安全威胁会直接导致科研和教学的停滞，影响校园生活的有序进行，甚至泄露国家机密等。

（一）信息安全领导和规章制度

随着高校信息化的发展，各高校对网络信息安全越加重视，几乎所有的学校都成立了信息化安全工作小组，委任了网络信息安全工作的负责人，不少学校保密办公室主任或副主任由信息部门的主管兼任。“211”院校与其他院校相比，负责信息安全的职位设置呈多样化，信息系统数据安全管理意识相对薄弱，已经制定并实行安全管理制度的比例低于高职高专和一般本科院校。随着校园网络信息安全概念不断深入人心，“211”院校逐渐意识到建立数据安全管理制度的重要性，开始逐步制定相关制度和保障信息系统数据安全的决策，努力落实信息系统数据安全管理制度。目前，国内有一半高校接受过信息安全风险评估，评估也主要集中在核心管理系统和数据，其他的例如教学系统和科研系统接受安全风险评估的院校比例低于30%，这是需要各类高校加强自身意识之处。在从事信息安全人员的资质方面，各类院校都非常重视，一方面加大信息安全投入，积极引进信息安全管理人员，另一方面加强内部管理人员的专业素质，积极开展各种信息安全宣传教育活动，不定期地组织各种安全管理、技术培训，要求相关人员参加培训并取得证书，以增强安全意识与管理水平。

（二）学校所采取的信息安全措施

由于校园网中的各种设备及终端通常是分布在校园的不同位置，用处不同，操作的用户也不同，再加上部分用户网络安全意识较薄弱，对网络安全问题不够重视，所以一旦网络安全出现问题，处理不够及时，没能采取安全可靠的技术措施，必将造成严重的损失。在技术防范手段方面，与国外高校相比，国内高校的安全手段较为单一，常规手段主要集中在防火墙、身份认证、网络实时监测、网络分段、审计日志等；在安全维护方面，国内高校的网络安全技术部署情况较为同质化，做法也较为传统，急需引进新的网络安全技术以保证校园网、信息系统等的安全性和稳定性。

2017年6月1日，国家《网络安全法》正式实施，第一次在法律层面提到“网络安全等级保护制度”这一新概念，也就是说包括高校、机构和企业部门在内的所有与网络相关的单位，必须重视安全等级保护工作。然而，根据2017年金智研究院调研357所高校的504名信息化管理者和从业者后获取的《“互联网+”时代中国高校信息化建设现状及发展趋势报告》，系统通过等级保护的高校仅有126家（占35.3%），其中通过三级等保有44家（占12.3%），通过二级等保有82家（占23%）。不过，令人欣慰的是，很多高校已将这项工作提上日程，计划一年内通过等保的有145家（占40.6%）。

（三）数据中心灾难防护措施

当网络在学校的应用发展到一定程度时，就需要信息化部门建立统一管理的数据中心，以保证24小时监管以及温控等诸多要求，数据中心的防灾抗灾能力上升到了重要地位。国内高校在数据中心灾难防护方面的措施以签约其他学校做异地备份和建设多个数据中心提供冗余为主。

校园网的安全问题是一个较为复杂的问题，涉及技术、设备、管理、制度等多方面的因素。随着网络技术的发展，新的安全隐患层出不穷，信息安全防范体系不能一成不变，制定安全解决方案需要从整体上进行考虑，做到管理和技术并重，所谓“三分技术，七分管理”；同时，安全技术必须结合科学的管理制度，将各种安全技术与管理手段配合使用，把网络不安全因素降到最少，这样才能确保校园网络系统的安全。

第三节 高校综合管理信息化建设与应用状况

一、我国高校信息化建设的发展历程

我国高校信息化建设集中于20世纪90年代，经过了二十余载的

探索与实践，回顾发展历程，可分为三个阶段：网络校园时代、数字校园时代和智慧校园时代。

（一）1994—2000 年：网络校园时代

1994 年，我国政府开始投资建设中国教育和科研计算机网，高校的校园网建设随即展开，经过了基础设施（硬件）建设阶段、教育应用（软件）开发阶段，我国高校校园的网络布局、主干网带宽、核心机房建设都已初具规模，教育软件系统的使用也取得了很好的应用效果。

（二）2001—2015 年：数字校园时代

进入 21 世纪后，信息化建设水平较高的高校开始建设管理信息系统，目的是实现部门业务的自动化和信息化。在这一时期，按目标划分，我国高校信息化建设经历了 2000—2006 年以技术为导向的数字化校园建设，2007—2009 年以业务为导向的数字化校园建设，2010—2015 年以服务为导向的数字化校园建设三个发展阶段，完成了高校综合信息门户、校园一卡通等系统的搭建工作；按建设模式划分，此阶段可分为“单个应用”“数据互通”和“流程再造”三个阶段。

2009—2015 年，各高校开始对信息资源进行全面整合，提高信息化应用效果和效率，实现信息化增值服务。一些高校开始尝试通过云计算体系架构移动互联网，构建以人为本、体现个性化需求的数字化应用系统，把信息和服务整合后推送给用户，更充分满足师生个性化、移动化需求，实现应用系统的可持续发展。

（三）2016 年至今：智慧校园时代

智慧校园是高校信息化建设的新阶段，是高校信息化发展的必经之路，目前仍在探索阶段。智慧校园的特征是利用包括移动互联网、物联网、云计算、大数据在内的新兴信息技术，改变和完善校园用户的交互方式、知识分享模式和信息资源整合方式等。因此，智慧校园成了突破“信息孤岛”的利器，被赋予了“整合优质教育资源、打破部门之间信息壁垒、为教育教学提供优质服务”的重任。

二、我国高校信息化建设发展现状

目前，大多数高校已基本完成数字化校园建设阶段的基础设施建设工作，如硬件平台和软件体系的搭建工作，正处于数字化校园建设的尾期，少数高校已逐渐迈进向“智慧校园”转型的初级阶段，正在探索将大数据、移动互联、云平台等新信息技术与教育业务交叉融合的新模式。其中，厦门大学、复旦大学、浙江大学等已经将智慧校园建设付诸实践。智慧校园的“智慧”主要表现在智慧环境、智慧管理、智慧教学、智慧学习、智慧科研、智慧生活等方面，典型智慧应用正在逐步推广，如考勤、手机开门、水电自动监控、消费、借书等。当前，我国高校的智慧化程度还有待进一步提高，智慧校园未来发展的关键是“智慧”表现在哪些方面，如何建设个性化、智慧化、实用性、令用户满意的美好校园。

（一）信息化应用已经渗入学校主流业务

在信息系统建设方面，48%的院校完成了信息系统的建立开发工作，38%的院校正在建立，其余的院校也已处在起步阶段。其中，身份管理与认证系统已经基本覆盖整个校园，全校网络教学平台已进入近80%的高校。目前，我国高校信息化系统已经应用到教学、科研、管理、服务等学校主要业务上，各种应用系统建设此起彼伏，不断更新换代。这些应用系统以业务部门纵向的业务为主，包括教务管理系统、科研管理系统、财务管理系统等。随着各个应用系统的建设发展，出现了资源整合、业务融合的趋势，这将有助于未来体现融合意志的统一身份认证、数据共享平台、信息门户等相关系统逐渐走进高校信息化舞台中心。近两年，高校信息系统的发展有两个方向，一是建设统一的数据管理平台并制定完善的数据安全管理制度，二是建设统一的数据交换平台以加强信息系统之间的数据交换，化解信息孤岛问题。

（二）数据共享与交换是高校信息化系统整合与应用提升的关键

2002 年以前，各高校都在不同程度地开展信息化建设工作，但在实际实施过程中，仍会遇到各种现实原因引起的问题，例如，建设经费以项目形式分批下拨，造成数字化校园的建设或多或少凸显出信息孤岛问题，如学校各业务系统在功能上不做关联、数据上不做共享。具体来说就是，系统功能由实际使用者决定，造成业务系统只关注某一个业务环节或管理功能，信息整合程度不足，各个系统独立运行。随着校园网络化、信息化不断发展，“信息孤岛”问题对高校信息化建设带来的负面影响愈加严重，主要体现在以下几个方面。

一是校内信息缺乏有效共享。信息孤岛问题始于高校开展信息化建设之初未考虑构建统一数据平台，这就造成后期系统共联愈发困难，各个系统独立运行，校内数据格式缺乏统一规划，数据交换难度大，系统、功能模块不断重复建设。以学生信息为例，教务系统、招生系统、后勤管理系统、学生管理系统、一卡通系统等都需要对学生信息进行保存，且随着学生学业信息变动，如转专业、休学、退学等，各个业务系统需要各自维护学生信息统一变化，这一过程极易造成数据的不一致，从而对学校的管理造成更大的麻烦。

二是数据资产深入挖掘受到制约。各个业务系统对数据的管理需求不同，造成学校内部公共信息（如学生信息、教工信息、资产信息等）不一致，使得学校无法积累有效数据，从而给进一步的数据挖掘、数据分析造成困难。

三是业务系统无法有效集成。各个业务系统缺乏统一的集成设计、数据设计，造成各个业务系统具有独立的登录接口、登录界面甚至是独立的用户名和密码，对教工和学生而言用户体验差，人性化程度低。

四是系统维护成本过高。由于各应用系统采用独立维护的方式，当公用信息发生变化时，学校为了维护数据的一致性，需要管理员在相关系统中人工更新相应信息，这样就增加了各应用系统的维护工作以及维护成本，校园信息化的整体效率自然会下降。

数据共享的建设是信息化工作发展到一定阶段的需要，数据共享环境的好坏，直接影响在此基础上建立的教学、科研、管理等方面的信息化工作。

（三）信息门户系统已成为高校信息化系统的“集成器”

上述问题使得当时的高校信息化建设缺乏整体规划与设计，各部门应用系统多分散独立，采用的开发软件不一致、数据标准不统一，在全校范围内形成一个个信息孤岛和应用孤岛，难以实现信息共享、业务联动以及部门之间的协同工作，制约了高校管理信息化的进一步发展。

2002—2009 年，一些高校开始探索解决信息孤岛的方法，对信息化建设进行整体设计，并积累了如下具有可操作性的建设经验。

一是顶层设计、分步实施。基于整体规划校园信息化的中长期建设目标，逐层分解；制定可行的分步实施方案，逐步完善；以教学科研为核心，突出使用价值。二是以信息标准为先导，支撑平台集中。在遵循相关国家标准的基础上建立全校范围的信息标准，保障可持续发展。三是软硬件环境集中建设，统一集中管理。建设数据机房、虚拟化软件环境，可在加速信息化建设的进度和水平的同时实现资源共建共享，大幅提高投资效益。四是长期运维保障，体现使用价值。长期运维保障可以有效提高信息化的服务能力和服务水平，延长软件系统的生命周期，最终体现信息化应用系统的使用价值，而学校的信息技术组织架构、人力编制、技术水平、合作模式、持续投入都是长期运维保障的必要条件。

利用以上经验方法，大部分高校开始建立统一门户，逐渐实现各系统之间在数据层、业务层、表示层的整合，实现了一定程度的工作协同。高校信息门户是面向教师、学生、员工和校友的大型网站，现阶段门户技术包括统一身份认证、集成服务、安全访问控制和授权管理等，实现了应用集成和信息集成，可进行内容管理和知识管理，为各类用户提供业务操作的统一入口。从信息门户建设调查数据来看，半数以上（66.95%）的被调查高校已经建立了集成度较高的校园门户系统，其中83.93%的“211”院校已经建立集成校内各种信息资源的校园信息门户，有63.71%的普通高校和50%的高职高专也已建立集成化的校园信息门户。在已建立校园信息门户系统的学校中，集成决策支持系统和办公自动化系统的学校最多，分别达到91.6%和81.09%；教学管理系统和学生管理系统的集成度也较高，分别达到59.66%和46.64%。陆续开始有一些高校在探索更高层次的数据集成和云服务应用集成。

（四）基本管理信息系统已具备，应用系统发展不均衡

高校各职能部门的管理信息系统通常是最先得到建设的，财务系统、人事系统、学籍管理系统、教务系统在各大高校均已运作起来，但相关业务的应用系统建设并不均衡。

教学信息化应用建设水平参差不齐，利用网络平台的辅助教学还没有得到学校足够的重视，表现在网络教学平台上的课程数偏少。科研信息化应用水平低，科研项目协作交流平台和科研知识共享平台的建设缓慢，仅有约1/4的学校对此项建设较为重视。电子校务应用中，部门与部门之间共享与交流自动化程度低，很多学校管理部门之间的信息交流还依靠原始的人工方式，特别是后勤管理、档案管理和

校友管理等部门的信息化的程度落后。

教学资源建设与科研资源建设相对于图书馆电子资源建设来说，投入较少；已有资源的整体应用水平还有待提高；各省市的建设水平存在比较大的差异；专科院校以及规模较小的学校资源建设投入力度太小。

第四节　高校信息化战略规划及保障机制状况

经过二十多年的发展，我国大学的信息化建设已经步入以业务信息化应用为核心的发展阶段。不管是“985”高校、“211”院校，还是一般本科院校、高职高专，也不管是发达地区还是不发达地区的高校，都在教育信息化保障体系建设方面进行了积极的探索，取得了长足发展，信息化日渐成为大学的“一把手”工程。如何完善大学信息化体制，促进信息资源的整合与共建共享，成为我国大学信息化深入发展的现实需求。

一、高校信息化规划逐渐受到重视

高校的信息化规划分为信息化战略规划和信息化建设规划两种，信息化战略规划为纲，建设规划为目，纲举目张。但是，在前期建设中，我国高校信息化面临的比较突出的一个问题就是总体规划不尽合理，没有针对性或不能适应学校的发展，导致几年之后就要制订新规划，以及重复建设或建设停滞等问题。这主要是由于我国高校信息化建设规划往往由信息化部门提出，然后上升到学校层面，由校级领导主持形成跨部门的规划制定小组，再从与学校战略发展目标相适应的角度，制定出适合本校的信息化战略规划。相比之下，国外高校信息化管理体制中都设有首席信息官，由首席信息官引领高校的信息化部门，能够高瞻远瞩、合理规划，制订出可持续化发展的规划。目前，国内少数高校也开始尝试这种管理体制，更多的学校则开始由校级领导分管信息化建设，并负责制定全校的信息化总体规划和顶层设计、信息化相关政策和规范，以及经费预算等。超过80%的高校都指派了一名副校长来负责本校信息化建设，可以说总体上已经比较重视，但真正投入精力的主要领导还不太多，对信息化的认识“虚”高：口头上都很重视，但是很少优先投入资源。很多高校的信息化工作处于推而不动，推而缓动、慢动的状态，也就是说信息化建设工作并没有得到系统化的重视，这显然会影响校园信息化的发展速度和应用水平。

二、信息化相关部门日渐融合，功能明确

不断发展的信息技术，在高校管理和服务过程中的作用日渐凸显，为消除信息技术资源分散、信息孤岛与重复建设等痼疾，高校信息化相关部门功能逐渐明确：校级领导层面或信息化工作领导小组将信息化建设与应用的规划上升到学校发展的战略高度，进行总体规划和设计；精通信息技术软件开发应用、信息技术系统架构的信息化部门负责项目实施；财务部门负责经费的预算、划拨和日常支付；对学校业务流程非常熟悉的业务部门负责需求分析并参与协调。各方力量互相融合，共同保障高校信息化建设的实施。大部分高校建立了信息化管理部门，例如，复旦大学在2001年7月率先在全国高校中成立了实体化的信息化办公室，北京大学2005年11月成立信息化建设与管理办公室，等等。虽然设立实体部门的高校的比例还是偏低，但这些实体部门在于管理层面发挥作用，协调信息化部门和业务部门的工作，促进形成良好协调局面等方面，发挥了积极的作用。伴随着“互联网+高等教育”的深度融合，通常需要强有力的管理机构来推进学校信息化战略，并组织管理各项信息化工作，校领导直接管理的

一级部门能更好地发挥作用，应对建设管理过程中的协同问题。

三、专业的信息化人才队伍逐渐形成

信息化时代，人才是重要的战略资源，信息技术领域的人才队伍是社会信息化的关键。在高校信息化建设中，信息化工作领导小组是信息化规划的前提，没有信息化建设队伍就不可能成功开展信息化建设。通常一所学校的信息化队伍不仅包括信息化部门人员，还包括分散在各院系和部门中为院系和部门提供信息化服务的专职人员。

高校对信息化支撑队伍普遍重视不够，虽然信息化部门的人员编制已有明显扩张，与信息化建设发展趋势一致，但往往缺乏支持队伍可持续发展的政策，人员规模不足、结构不合理、支撑能力不够强，以致稳定困难。从全国范围来看，“211”院校中的信息化部门人数最多，其次是一般本科院校和高职高专；超过80%的“211”院校拥有16人以上的专业技术队伍，其中拥有本科和硕士学位的人员较多，达到40%左右。高校对教师队伍信息化素养提高的重要性认识还不够，教师的教育技术培训推进缓慢。但也有一部分高校信息化意识较强、信息化投入水平较高，例如为推进信息化建设，对校内的信息化建设队伍有不同的鼓励和激励措施，对信息化技术提高和人员的培训、进修机会都提高了支持力度，在职称评审和晋升上也给了优惠政策；同时，学校提供必要的项目支持，定期举办表彰大会以及信息化推广活动。信息化方面多年的耕耘，使这些学校建立了一支比较庞大的运行服务队伍，使信息化能够可持续发展。

四、信息化经费投入趋于稳定

政府部门和高校不断加大对校园信息化工作的投入，更多的高校制定了整体建设规划和财务预算，资金主要来源于学校划拨的信息化项目经费和学校信息化建设常规经费。当前，大多数高校，尤其是“211”院校的信息化投入较多。资金的支持、高校的重视加速了信息化建设的步伐，部分高校开始将信息化经费单独预算，但总体投入仍然不够。从效果上看，缺乏统筹有效的投入机制，在投入内容上，重建设轻应用的现象也普遍存在。一般来说，建设经费主要采用的是项目制，这种方式的弊端就是分批建设的信息系统孤岛现象严重；购买云服务的理念尚未成型，机制尚不顺畅；部分学校解决了运维经费问题，但大多数学校尚未将这项费用列入常规预算，信息化建设多采用自主运维模式，人员队伍水平难以满足日益繁重的运维工作。

根据2016年《“互联网+”时代中国高校信息化建设现状及发展趋势报告》，从金智研究院调研的全国297家高校信息化总体投入水平看，平均水平为600万元。在千万元以上的学校达到70家，占23.6%，最高的学校达到3000万元；然而，贫富差距较大也是不争的事实，经费投入最少的学校仅有10万元，总投入在100万元以内的有34家，占11.4%。尽管信息化投入存在一定的周期性，但仍然不能掩盖学校之间投入水平的不平衡状况。普通本科院校2016年信息化总体投入接近700万元，高于整体平均水平；高职高专院校2016年信息化总体投入的平均水平不到500万元。在投入比重上，设施类项目增加的经费有所下降，信息化技术提高以及人员培训方面都加大了投入。

总的来说，我国高校信息化发展处于平台期：只有少部分（不到10%）信息化建设程度较高的先进高校基础设施基本完善，数字资源较为丰富，网络教学平台、电子校务系统和统一的信息门户基本建立，教学应用得到一定程度的发展，保障措施日趋完善；绝大多数高校处于信息化平台期或欠发展阶段，基础设施基本建立但不充分，电子校务系统分散建设各自为政，数字资源发挥作用有限，教学应用零星开展但缺乏有效组织，有的学校建立了门户框架但整合不了应用，保障措施不到位，教育信息化的绩效没有彰显。要想推动信息技术与教育教学的全面深度融合，以信息化引领教育理念和教育模式的创新，充分发挥教育信息化在教育改革和发展中的支撑与引领作用，是未来一段时间教育信息化工作的重要目标。

高校信息化建设与管理研究

Chapter 2

第二章 “互联网+”背景下的高校教育信息化

第一节　高校教育信息化的内涵

2019年2月，中共中央办公厅、国务院办公厅印发的《加快推进教育现代化实施方案（2018—2022年）》，提出了推进教育现代化的十项重点任务，其中第六项是大力推进教育信息化，着力构建基于信息技术的新型教育教学模式、教育服务供给方式以及教育治理新模式。那么什么是高校教育信息化呢？高校教育信息化的具体内容又是什么呢？

一、教育信息化的概念及内容

（一）教育信息化的概念

教育信息化是将信息作为教育系统的一种基本构成要素，并在教育的各个领域广泛地利用信息技术，促进教育现代化的过程。具体地说，教育信息化是指在教育领域利用信息技术，对教育内容（信息）进行分析处理、加工改造、组织传播、共享使用，以实现教育现代化的过程。教育信息化是国家信息化的重要组成部分，对于转变教育思想和观念，深化教育改革，提高教育质量和效益，培养创新人才具有深远意义，是实现教育跨越式发展的必然选择。教育信息化的全面实施必然会形成一种全新的教育形态——信息化教育。

（二）教育信息化的内容

教育信息化的核心是教学信息化，只有构成教学的基本要素——人（教师和学生）、教学过程、教学条件等。实现了信息化，才能推动教育现代化的进程，才能使教育信息化全面完成。

1. 教育环境的信息化

完备的教育信息化环境是实现教育信息化的外部条件和基础。为了实现教育信息化，应该建立一定的信息化环境，它包括可对教育信息进行各种有意义操作的硬件环境和软件环境。例如，现代远程教育项目、西部大学校园计算机网络建设工程，又如各学校建设的校园网、计算机教室、多媒体教室等。这些工程、教室的建设及相应软件的开发是教育信息化的重要内容，它为我们在教育系统中广泛地应用信息技术提供了一定的条件和基础。没有一定的信息化环境，是不可能实现教育信息化的。

2. 教师与学生的信息化

在教育信息化的过程中，各种信息设备的使用，对教育系统中各种信息的操作，都是由教师和学生完成的，教师与学生的信息化在教育信息化中占据着重要的位置。教师与学生的信息化是指教师与学生应具备一定的信息素养，应基于一定的信息环境，利用一定的信息技术解决生活、工作和学习中的问题。教师与学生的信息化对教育信息化是至关重要的，没有教师与学生的信息化是不能实现教育信息化的。

为了培养学生的信息素养，应该在学校中广泛地开展信息技术教育。信息技术教育是以培养学生的信息素养为基本目标的素质教育。《教育部关于推进教师教育信息化建设的意见》中要求：“对全体中小学教师进行一轮现代信息技术和教育技术的培训。要特别加强对骨干教师的信息技术和教育技术的培训”。培养教师与学生的信息素养，实现教师与学生的信息化，是实现教育信息化的关键。

3. 教育过程的信息化

教育过程的信息化是指在教育过程中广泛地使用信息技术，用以完善教育过程，实现面向信息社会创新型人才的培养。在教育信息化的过程中，多种教育信息化的环境，应通过具有一定信息素养的教师和学生，将信息化用于教育、教学的实践过程，实现教育过程的信息化。

教育过程的信息化是教育环境信息化，也是教师与学生信息化的落脚点。教育环境的信息化，教师与学生的信息化，最终应实现教育过程的信息化，即以各门学科教学的信息化实现对信息社会创新人才的培养，这是教育信息化的根本目标。

二、教育信息化的核心理论

教育信息化的核心理论指的是信息技术与教育深度相融合。此理论的另一提法为信息技术与各学科教学相整合。该理论主要回答在实践新型的教学方式与学习方式的过程中，如何营造或创设信息化的教学环境，如何调动学生的主动性、积极性，如何实现培养学生的创新意识与创新能力（即创新人才培养）的目标等。因此，教育信息化理论的核心内容应该是教育技术与课程深层次整合理论。进入新的发展阶段后，教学结构理论正逐渐发展成为教育信息化理论的另一项核心内容。事实上，近年来，国内提出的深度融合理论（或深层次整合理论），恰恰是要求“必须紧紧围绕课堂教学结构的根本变革来进行融合（或整合），才有可能真正达到深度融合（或深层次整合）的目标”。可见课程整合理论和教学结构理论互为补充、彼此约束并与信息技术融合，才真正构成了教育信息化理论的核心内容。

教育信息化的理论内容多样，除了基本的、核心的理论外，教育信息化的理论还有信息化环境下的教与学理论、信息化环境下的教与学方式、信息化环境下的教学设计理论等，以及目前常用的翻转课堂、慕课等。

三、教育信息化 2.0 行动计划

党的十九大在对我国社会主义发展道路做出新的判断的同时，也指出在教育领域必须加快教育现代化发展，实现教育强国的梦想。在中国特色社会主义进入新时代的号召下，教育领域将教育信息化作为发展的重点和实现教育现代化的关键进行定位，在全国范围内推动教育信息化的发展。

（一）《教育信息化2.0行动计划》提出的背景

2012年3月，教育部发布《教育信息化十年发展规划（2011—2020年）》，我国教育信息化随即进入发展的快车道。经过短短几年，我国的教育信息化取得了令人瞩目的成就，不但形成了以“三通两平台”为核心全面突破的发展态势，而且还积累了一系列具有中国特色、国际视野的信息技术与教育融合发展的实践模式，逐步探索出了一条具有中国特色的教育信息化发展道路。当前，我们正处于新的重要节点，教育信息化必须与时代同频共振才能在教育现代化进程中发挥应有作用，因此，《教育信息化2.0行动计划》的出台具有重要的时代意义，它不仅是对前期教育信息化发展成果的总结，更是对新时代教育信息化发展要求的回应，是对后续发展思路的整体规划。

1. 新时代我国教育发展面临新要求

以党的十九大为标志，中国特色社会主义进入了“新时代”。十九大明确提出“建设教育强国是中华民族伟大复兴的基础工程，必须把教育事业放在优先位置，加快教育现代化，办好人民满意的教育”，并要求“办好网络教育”。要实现“公平而有质量的教育”，就必须充分共享有限的优质教育资源，在确保大规模教学的前提下，针对每位学习者的需求提供个性化、智能化的教育供给。显而易见，只有深度融合大数据、人工智能等新兴技术，才能满足这一要求。因此，没有信息化就没有现代化，面对新时代的教育改革发展新要求，我国教育现代化建设亟须教育信息化支撑引领。

2. 新技术浪潮给教育发展带来巨大冲击

继互联网、云计算之后，以大数据、人工智能、虚拟现实为代表的新一轮信息技术浪潮席卷而来，尤其是人工智能技术的快速发展极大地改变了我们对教育的传统认知。技术对教育的作用已经不再限于辅助学习、提高效率，而是成为直接改变教学基本模式、学校基本形态乃至教育行业基本业态的根本性力量。技术的发展改变了社会各行业对人才的要求，个性化、创新型人才的培养成为迫切需求；技术变革了教育教学模式，智能教学环境、智能导学系统日益普及；技术显著提升了教育治理水平，过程化评价、精细化管理、精准化服务成为趋势；技术正在挑战教师角色，教师在知识传授方面的作用将逐步弱化，而在学生素养培育、人格塑造等方面的作用则更加突出。

由此可见，当前我们正处于推进教育信息化、实现教育现代化的关键阶段，中国特色社会主义新时代与新技术浪潮在当下形成了历史性交汇。习近平总书记指出，“信息化为中华民族带来了千载难逢的机遇”。在这一重要历史节点上，教育信息化面临难得的发展契机，必须从顶层设计高度进行重新定位。

第一，不仅要融合发展，而且要创新发展。教育信息化 1.0 阶段，教育信息化的推进重点是以应用为导向，促进信息技术与教育的深度融合，强调的是信息技术在教师教学活动中的经常性、普遍性应用。迈入 2.0 阶段，随着信息技术与教育融合的不断深入，信息化开始引发教育教学的创新发展，因此“创新”成为这一阶段发展的关键词。

第二，不仅是外生变量，而且是内生变量。在 1.0 阶段，学校和教育机构对信息化主动拥抱得少，被动应对得多。迈入 2.0 阶段，信息化的重要作用越来越得到广泛认同，很多学校和教育机构将信息化作为挑战自我、突破自我的重要契机，信息化逐步成为促进教育系统性变革的内生变量，它对教育的“革命性影响”真正得到彰显。

第三，不仅要全面推动，而且要支撑引领。在 1.0 阶段，信息化的作用是“全面推动教育现代化”，在这一时期，信息化的定位是辅助性的，主要立足于“促进”“推动”教育现代化。迈入 2.0 阶段，信息化的作用不仅是作为引擎为教育现代化提供推动力，而且要勇立潮头，引领教育现代化的发展方向，地位进一步突出。

（二）《教育信息化2.0行动计划》总体目标

“教育信息化2.0”一词由教育部2018年4月13日印发的《教育信息化2.0行动计划》正式提出，这是相对于之前的教育信息化提出的，是教育信息化的升级。《教育信息化2.0行动计划》提出，到2022年要基本实现“三全两高一大”的发展目标。其中，“三全”指教学应用覆盖全体教师、学习应用覆盖全体适龄学生、数字校园建设覆盖全体学校；“两高”指信息化应用水平和师生信息素养普遍提高；“一大”指建成“互联网＋教育”大平台。

（三）《教育信息化2.0行动计划》八大行动

1. 数字资源服务普及行动

该行动的主要内容是构建教育资源共享体制，打造教育资源共享平台，将全国各地融合进来，实现教育大资源全面开发利用机制。

2. 网络学习空间覆盖行动

网络学习空间在当前信息化学习环境中显得尤为重要，保障全体教师和学生享有网络学习空间，利用网络学习空间是该行动成功的关键所在。

3. 网络扶智工程攻坚行动

网络扶智工程是脱贫攻坚关键时期的特殊产物，它将深度贫困地区作为重点扶持对象，完善这些地区的基础信息建设，利用信息技术精准扶智，从而促进这些地区教育水平的提高。

4. 教育治理能力优化行动

教育治理不同于教育管理，作为一种新型的管理模式，它有着自己的理念设计。主要体现在以人为本，在管理的过程中以大数据为支撑，关注被管理人的感受和需求。

5. 百区千校万课引领行动

在信息技术与教育融合的基础上，总结试点学校的经验，将各优秀学校的优秀课程放在互联网平台，将优秀学校打造成其他学校学习的标杆。

6. 数字校园规范建设行动

数字化校园的建设是利用互联网通信技术，将校园内各种资源整合起来，可以为任何学生和老师所运用，从而利用信息化手段扩大优质教育资源覆盖面。

7. 智慧教育创新发展行动

将智能设备、智慧教育模式引入高校，以人工智能为基础，转变教育理念，创新教学模式。

8. 信息素养全面提升行动

充分认识提升信息素养对于落实立德树人目标、培养创新人才的重要作用，加强对学生课内外一体化的信息技术知识、技能、应用能力以及信息意识、信息伦理等方面的培育，将学生信息素养纳入学生综合素质评价标准，并制定学生信息素养评价指标体系，开展规模化测评；同时，大力提升教师的信息素养，推动教师主动适应信息化、人工智能等新技术变革，积极有效地开展教育教学。信息素养的提升是教育信息化能够发展的关键因素，是教育信息化工作的重中之重，因此，需要制定专门的信息素养评价指标体系，并对教育相关人员进行培训。

第二节　高校教育信息化的特征

一、教育信息化的要素

（一）信息网络

信息网络是教育信息化建设的重要内容，也是实现教育信息化的物质基础和先决条件。目前我国已经建成中国教育与科研网、中国卫星宽带远程教育网络，中小学“校校通”工程、高校“数字校园”建设工程、中小学远程教育建设工程，以及应用于学校教学的普通电教室、多媒体综合电教室、计算机室、微型电教室、CAI 教室、网络教室、语言实验室、电子阅览室、闭路电视系统等，这些都是教育信息化中信息网络基础设施建设的重要内容。这些基础设施的建设既为我国的教育信息化奠定了基础，也为信息化教育的实施创造了条件。目前的信息网络分为电信网、广播电视网和计算机网三种，三网交叉互补，未来将发展为三网融合。2018 年教育部印发的《教育信息化 2.0 行动计划》中，明确了网络使用的任务，教育部门与中国卫通联合在甘肃省甘南藏族自治州、云南省昭通市、四川凉山彝族自治州各选择 1 个县作为试点，每县选择 1 所主体学校和 4 所未联网学校（教学点），免费安装“中星 16 号”卫星设备并连通网络，开展信息化教学和教研。此外，要求实现宽带网络校校通，每一所学校都要接入互联网，无线校园和智能设备逐渐普及与应用，让数字校园建设覆盖到各级各类学校。

（二）信息资源

教育信息资源是用于教育和教学过程的各种信息资源，它的开发和利用是教育信息化的核心，也是教育信息化建设成败的关键。教育信息资源可分为以教育信息载体为核心的教育软件资源，和以管理信息系统的基础数据为核心的教育管理信息资源两大类。其中教育软件资源主要包括以多媒体素材、各类 CAI 课件、网络课程等为主的多媒体教育信息资源，以文献资料查阅和检索服务为主的图书情报信息资源，以教育信息资源的生成、分析、处理、传递和利用为主的各种工具类资源，以及浩如烟海的互联网资源等。教育管理信息资源主要是指为实施现代教育管理而建立的以教育者、教育内容、教育对象、教育资源及其支持服务体系为主要内容的各类数据库资源。我们应该在各学校形成“校校用平台、班班用资源、人人用空间”的景象，实现教育资源公共服务平台与教育管理公共服务平台融合发展。

（三）信息技术应用

信息技术的应用是教育信息化建设的根本出发点和直接目的。有了信息网络和信息资源这些基础条件之后，信息技术的应用便成为教育信息化的主角，可以说，教育信息化建设的效益主要体现在应用这一环节。在信息技术应用方面主要做好四件事：一是做好与思想理论、方法密切相关的硬件建设，它决定着信息技术应用的方向，直接关系到信息技术应用的质量和效果；二是建立与当地教育信息化建设环境、教育对象以及教育内容相适应的信息化教育模式；三是必须提高人们应用信息技术的兴趣和基本技能；四是在不同层次上开展信息技术与课程整合的理论研究与实践，并将其作为学校信息技术应用的主要任务。不仅如此，各学校应该促进教育信息化从融合应用向着应用创新的方向高阶演进，将信息技术和智能技术融入教育全过程中，进而推动教学改进、管理优化、绩效提升。

（四）信息技术和产业

党的十六大报告中提出了“优先发展信息产业，在经济和社会领域广泛运用信息技术”的战略决策，突出显示了信息技术和产业的重要性。信息技术是一种技术体系，其中最重要的是传感技术、通信技术、计算机技术、微电子和软件技术等。教育信息技术有信息技术的共性，也有自身的特殊内涵，教育信息技术除了包括教育中常用的计算机多媒体技术、计算机网络技术、卫星通信技术、广播电视技术等电子信息技术之外，还有传统教育信息技术、教育组织系统技术、教学系统方法和教育信息资源管理等类型。信息产业是研究、制造、供应信息技术与装备、信息产品与软件产品以及提供信息服务与信息安全保障的行业部门的统称。信息产业是国民经济的基础产业和支柱产业，被称为“朝阳产业”。同样，教育信息产业是教育信息化的基础和支柱。教育部门和教育工作者的主要任务是为信息技术和信息软件产品的研制、开发和生产服务。如与学校共同编制出版信息化教育需求的电子教材，开发教学系统平台、教学软件工具、电子信息资源等，为学校提供教师培训、技术咨询、社会信息资源等高品质、专业化的服务。教育产业的市场运作对教育信息化发展起着重要的作用。

信息技术产业主要指信息技术设备制造业和信息技术服务业。由于信息技术设备制造业的发展需要强大的技术和资金做后盾，所以，在我国的教育信息化过程中，信息技术产业的发展应由不同的社会部门分工协作完成。其中教育信息技术产品的制造业应动员教育系统、科研院所和相关企业等互补性较强的部门共同参与，以便将教育系统从教育信息技术产品的开发中解脱出来，集中精力做好教育信息资源的开发和利用。

（五）信息化人才

教育信息化，人才要先行。为了实现教育信息化，需要培养大量掌握信息技术基础知识，具备信息技术应用能力的教育信息化人才。作为服务于一个行业的信息化人才，教育信息化人才有两层含义：一是通识型教育信息化人才，这是对在教育领域从事教育、教学、管理及其他服务的各类人员而言的，也是对该领域全体人员的信息技术知识、能力和素质的共同要求。《教育信息化 2.0 行动计划》中明确提出持续开展职业院校和中小学校长、骨干教师“网络学习空间人人通”的专项培训，为各学校输送信息化人才。二是专业型教育信息化人才，主要是指专门从事教育信息物态化技术和智能形态技术的研究与开发、教育信息化建设、教育信息化应用和维护的人才。一般来说，对通识型教育信息化人才的要求是应具备基本的获取、分析和加工信息的能力，而对专业型教育信息化人才的要求更高、分工更细，可以是高级软件人才、网络工程师或微电子技术专业人才等。

此外，作为信息化人才培养重要基地的高等学校，一方面要关注教育行业的信息化，为教育信息化培养通识型教育信息化人才和专业型教育信息化人才；另一方面还要担负起为整个社会培养信息化人才的任务。

（六）信息化政策、法规和标准

教育信息化是一项系统工程，为确保我国教育信息化工作的顺利进行，国家政府及相关部门必须为教育信息资源开发、教育信息网络建设、教育信息技术应用、教育信息技术和产业等各个方面制订一系列政策、法规和标准。建立一套完善的促进信息化建设的政策、法规和标准体系，以规范和协调各要素之间的关系，既是教育信息化健康发展的重要条件和保障，也是开展教育信息化的依据和蓝图，只有这样，各级政府、各个单位和部门的教育信息化才能规范化、秩序化，也才能推动教育信息化健康顺利地向前发展。

信息化政策、法规和标准用来规范和协调信息化体系各要素之间的关系，是国家信息化快速、持续、有序、科学发展的根本保障。20世纪90年代中期以来，我国党和政府发布了一系列引导、鼓励和扶植信息化的政策性、法规性文件，积极推动信息立法工作，先后颁布实施了《商标法》《专利法》《著作权法》《计算机软件保护条例》《计算机软件著作权登记办法》《关于制作数字化制品的著作权规定》《计算机信息系统安全保护条例》等法律、法规，保障了信息化产业的顺利发展。教育部对教育信息化技术标准化工作极为重视，成立了教育信息化技术标准委员会，组织研究、指导、制定、推广与教育信息化相关的技术标准。教育信息化技术标准体系目前包含28项子标准，已经颁布了《教育资源建设技术规范》《学习对象元数据规范》《教育管理信息系统数据规范》《学习管理系统（LMS）规范》《学校互操作框架》等十几项标准。在国际、国家制定的教育信息化标准体系的基础上，中央和地方根据实际情况对相关标准进行了本土化，对教育信息化起到了规范指导作用。比如《教育信息化 2.0 行动计划》中要求落实《职业院校数字校园建设规范》的同时，发布中小学、高等学校数字校园年建设的规范。

二、教育信息化的基本特征

教育信息化既具有“技术”的属性，同时也具有“教育”的属性。祝智庭教授认为其特征可以分别从技术层面和教育层面加以考察。

（一）技术层面的特征

从技术属性看，教育信息化的基本特征表现为数字化、多媒体化、网络化和智能化。

1. 数字化

数字化使得教育信息技术系统设备简单、性能可靠、标准统一。

2. 多媒体化

多媒体化使得传媒设备一体化、信息表征多元化、真实现象虚拟化。

3. 网络化

网络化使得信息资源可共享、活动时空少限制、人际合作易实现。

4. 智能化

智能化使得系统能够做到教学行为人性化、人机通信自然化、烦杂任务代理化。

（二）教育层面的特征

从教育属性看，教育信息化的基本特征表现为教材多媒体化、资源全球化、教学个性化、学习自主化、活动合作化、管理自动化、环境虚拟化等。

1. 教材多媒体化

教材多媒体化就是利用多媒体，特别是超媒体技术，建立教学内容的结构化、动态化、形象化。已经有越来越多的教材和工具书变成多媒体化，它们不但包含文字和图形，还能呈现声音、动画、录像以及模拟的三维景象。

2. 资源全球化

利用网络，可以使全世界的教育资源连成一个信息的海洋，由广大教育用户共享。网上的教育资源有许多类型，包括教育网站、电子书刊、虚拟图书馆、虚拟软件库、新闻组等。对于我国教育来说，面临的一大问题是网上中文信息资源严重不足。开发网上教育资源，不但是教育部门的任务，也是社会各部门以及教育工作者的义务。目前我国已经出台相关政策，实施教育大资源共享计划，不断完善数字教育资源公共服务体系和国家枢纽连通国家教育资源公共服务平台，推动各方力量建立国家数字教育资源公共服务体系联盟。

3. 教学个性化

利用人工智能技术构建的智能导师系统，能够根据学生的个性特点和需求进行教学和提供帮助。为了做到这一点，学生个性的测定，特别是认知方式的检测，将成为教育研究的重要研究课题。

4. 学习自主化

由于以学生为主体的教育思想日益得到认同，利用信息技术支持自主学习成为必然发展趋势。事实上，超文本、超媒体之类的电子教材已经为自主学习提供了极其便利的条件。

5. 活动合作化

通过合作方式进行学习活动也是当前国际教育的发展方向。信息技术在支持合作学习方面发挥着重要作用，形式包括通过计算机合作（网上合作学习）、在计算机面前合作（如小组作业）、与计算机合作（计算机扮演学生同伴角色）。

6. 管理自动化

利用计算机管理教学过程的系统称为CMI（计算机管理教学）系统，包括计算机化测试与评分、学习问题诊断、学习任务分配等功能。目前最新进展是建设国家学分银行和终生电子学习档案，其中包含学生身份信息、学习记录、评价信息、电子作品等，对学习者的各类学习成果进行统一的认证与核算，让其在各阶段通过不同途径获得的学分能够很好地积累并转化，并将其作为获得学历证书、职业证书及培训证书的凭证。同时，利用电子学习档案可以支持教学评价的改革，实现面向学习过程的评价。

7. 环境虚拟化

教育环境虚拟化意味着教学活动可以在很大程度上脱离物理空间时间的限制，这是电子网络化教育的重要特征。现在已经涌现出一系列虚拟化的教育环境，包括虚拟教室、虚拟实验室、虚拟校园、虚拟学社、虚拟图书馆等，由此带来的必然是虚拟教育。虚拟教育可分为校内模式和校外模式。校内模式是利用局域网开展网上教育，校外模式是指利用广域网进行远程教育，在许多建设了校园网的学校，如果能够充分开发网络的虚拟教育功能，就可以做到虚拟教育与实际教育相结合，校内教育与校外教育相贯通，这是未来信息化学校的发展方向。

第三节 高校教育信息化的意义

一、教育信息化的意义

教育信息化的根本目的是培养创新型人才，是实现教育的现代化。具体来讲：就是要大力推广信息技术在教育领域广泛有效的应用，建立起功能完善的信息化教育环境；要利用信息技术来推动教育的改革和发展，大力开发优质的教育资源，优化教育过程，提高教育质量和效益；培养适应信息社会要求的创新人才，促进教育现代化。

信息社会的发展不仅对人才的数量，更重要的是对人才的质量提出了更高的要求。推动教育信息化的意义在于：

（一）教育信息化是教育现代化的必由之路

教育信息化是教育现代化的必由之路，也是教育现代化的重要内容和主要标志。教育现代化包括教育思想现代化、教育内容现代化、教育方法现代化、教育技术手段现代化、教育设施现代化、教育管理现代化等。在教育现代化的诸多要素中，哪一“化”都离不开教育信息化，教育信息化一方面为教育现代化提供了方法、途径和前提；另一方面，在教育信息化的过程中必然会出现许多新问题，需要我们去认识和解决，这些问题的解决，不仅会极大地丰富教育信息化的内容，同时对教育思想、教育内容、教育方法、教育手段、教育管理等诸多方面产生深刻变革，这将成为教育现代化研究的重要内容，也将成为实现教育现代化的主要标志。因此，没有教育的信息化，就不可能实现教育的现代化；教育信息化是实现教育现代化的重要步骤，是教育现代化的重要内容和主要标志。

教育信息化也是国家信息化的重要内容。不仅如此，教育信息化是国家信息化的基础。没有教育的信息化，就不能为国家信息化提供所需的信息化人才，也不可能实现真正意义上的国家信息化。

未来的社会是人才竞争的社会。教育信息化对于增强国家的综合实力，增强国家在国际上的竞争能力有重要的意义。教育信息化对国家信息化和教育现代化具有十分关键的作用。

（二）教育信息化有利于建设学习型社会

教育信息化有利于建设学习型社会，构建终身教育体系，缩小地区间教育差距。从现阶段来看，我国教育信息化的重点主要是学校和专门的教育机构，主要内容包括在中小学普及信息技术教育、中小学“校校通”工程和学校“数字校园”建设以及现代远程教育等。

从长远看，教育信息化必然会延伸到家庭和社会的各个方面。其中，家庭教育信息化和现代远程教育的实施，将为全体国民提供接受更多教育的机会，使受教育者的学习不受时间、空间的限制，真正实现学习型社会和终身教育的内涵——人人学习、处处学习、时时学习，保障每一个国民接受教育的平等性；同时有利于从根本上消除由于地区之间经济发展的不平衡所产生的教育水平的差距，使全体国民的综合素质普遍提高。

（三）教育信息化有利于素质教育

教育信息化有利于素质教育的实施和创新人才的培养。创新人才的基本特征是具有个性特色，善于独立思考，具有广博的知识，富有创新精神和创造能力，具有高尚的理想和道德情操，是全面发展与个性发展完满结合的人。

培养创新人才是素质教育的根本目标，教育信息化有利于素质教育的实施和创新人才的培养。首先，教育信息化为素质教育的实施创造了良好的环境，使因材施教和个性化教学得以更好地体现。利用教育信息化的优良环境，可实现个别化教学、小组协作学习、远程实时交互的多媒体教学、在线学习、在线讨论等。教育信息化使学生从过强的共性制约中解放出来，有利于发展学生个人志趣，培养其个性特色；其次，在信息技术环境下，一方面学生可根据个人志趣与个性差异对所学的知识和学习进程在一定程度上进行自主选择，另一方面学生可对某一专题的相关内容通过信息检索、收集和处理，发现问题、解决问题，有利于扩展学生的知识面，培养其独立思考能力和创新能力；最后，利用教育信息化提供的网络资源可将抽象的道理形象化，通过鲜明的形象感化和对比，帮助学生识别假、恶、丑，树立真、善、美的情感，使学生将高尚的理想内化为自己的言行，形成良好的思想品德。

总之，教育信息化不仅有利于提高教育质量和教育效率，培养学生的创新精神和实践能力，而且从主观和客观两方面为学生的全面发展和个性发展提供了条件和保障。这对培养21世纪国家现代化建设所需的创新人才具有极其重要的意义。

二、教育信息化对我国高校教育的影响

我国教育信息化的实践经验告诉我们，教育信息化对我国的教育事业产生并将继续产生更加重大的影响。尤其是进入新时代后，教育信息化对全国高等学校本科教育工作的影响更加深远。无论影响如何，我们都要坚持“以本为本”，推进“四个回归”，加快建设高水平本科教育，要着力推动课堂革命，打造金课，广泛开展探究式、个性化、参与式教学，推广翻转课堂、混合式教学等新型教学模式。教育信息化对高校教育产生的影响主要表现在以下方面：

（一）促进教育观念的转变

教育信息化促使人们适应信息时代的要求，转变传统的教育教学思想观念，重视信息科学技术和人的素质培养，树立面向世界、科学发展、与时俱进、以人为本的思想观念，树立以创新能力和信息素养培养为核心的现代教育教学观。教育信息化带给人们的是全新的信息资源，全新的理念，和全新的硬件、软件环境。

（二）推动教育教学改革

教育信息化的本质就是教育的现代化和素质教育。教育信息化的过程，就是实现教育现代化和进行信息素养教育的过程。使教育由传统模式、半传统模式走向现代化模式，这就是教育改革的过程和方向。教育信息化本身就是教育教学改革的内容。信息化推动了教育体

制、教育内容、教育过程、教育模式、教育环境等的全面改革与发展。

（三）催生与发展信息化教育

教育信息化的直接效果就是催生与发展了信息化教育，使现代教育进入信息化时代。也就是说，信息化教育是教育信息化产生的新的教育形态。培养信息化人才、提高信息素养、倍增教育效益是信息化教育的功能，也是教育信息化的任务。

（四）带动教育信息科学和现代信息技术的发展

教育信息化是驱动教育信息科学和现代信息技术充分发挥作用的动力系统，教育对教育信息科学和现代信息技术的需求必定要求二者适应需求并且发展进步，这是一种互动关系。正如恩格斯所说：“社会一旦有技术上的需要，则这种需要就会比十所大学更能够把科学推向前进。”

第四节 国内外教育信息化的历史沿革

一、国际教育信息化的发展

现代信息技术在20世纪90年代的快速发展，促进了当今世界各国或地区教育信息化的进程。教育信息化作为跨世纪教育改革的重要内容和目标，纷纷被世界各国或地区纳入新一轮的教改方案。尽管各国或地区所面临的教改任务在层次上有内涵与外延的差异，但从教学改革同处全球信息化时代的宏观大背景、教育所面临的21世纪人类社会的挑战等宏观方面来看，又呈现出某些共性，这些共性集中体现在当今世界各国或地区的教育信息化的建设进程所呈现的教学改革特点和举措上。如日本的第五代、第六代计算机进入教育网计划，欧盟的“尤里卡计划”，美国ISW向教育进军，韩国的“虚拟大学”，新加坡的“智慧岛”方案等。这些带有浓厚信息化时代色彩的世界教学改革走势，在一定程度上反映了以知识经济为特征的21世纪信息社会世界教学改革与发展的教育信息化共性的新特点，世界各国或地区呈现出各有特色的新举措，教育信息化一时间成为当代教学改革的热门词汇，极大地促进了各国或地区教学改革的信息化进程。

（一）国际教育信息化的开端

早在20世纪90年代，经济比较发达的国家或地区就开始从立法和信息政策的角度来推动和普及教育信息化工作。整体特点是整体规划、明确目标，把信息技术教育列入正式课程、增加投资和开课年级超前发展等。

新加坡政府1992年就宣布了“信息技术2000年”计划，1995年又制订了该国1997—2002年MIT总体教育信息化规划。规划要求到1999年全国教师都要接受MIT应用能力的培训，并将这作为教师资格聘用的重要标准之一。该国要求2000年全部学校都要建立校园网，明确规定全国各类学校30%的课程必须使用计算机授课，以鞭策教师努力提高自身的信息技术水平。为了推进基础教育信息化，该国决定拿出15亿美元的巨资加强中小学信息技术建设，主要用于为中小学购置计算机，建设网络，为学生提供免费软件和优惠上网，为每两位教师配备一台教学办公家用计算机，还为每位教师提供20%的补助用于购买家用计算机。

日本的文部省和通产省1995年便联合推进在基础教育领域有重大影响的111种中小学互联网的实验研究项目。项目要求这些学校的计算机系统全部接入互联网，共同探讨在传统教育体制和教育方法的框架外，在信息技术条件下的新型的教育模式，构建理想的交互式学习环境。随后该国又在《关于教育课程基本走向》的文件中规定：

小学在“综合学习时间”课上适当传授信息技术，初中把信息基础列为必修课，从小学到高中的各个阶段中的所有学科课程的教学都要运用计算机进行教学。

芬兰政府1995年拟订信息社会发展战略，把“全体公民掌握和使用信息技术的能力”列为五大方针之一，旨在“使每一位芬兰国民掌握信息社会的基本技能”。教育部门规定，从1995年开始，受过九年义务教育的学生必须达到使用计算机和上网的技能标准。

1995年5月31日，韩国教学改革委员会制定了《建立主导世界化、信息化时代新教育体制的教育改革》方案，韩国这一方案旨在强调只有把现代高新技术引进教育，才能使韩国进入未来信息化社会的先进国家行列，而这一切取决于国家教育信息化的决策力度。

美国政府1996年提出的“教育技术规划”（又称“教育技术行动纲领”）及克林顿总统的国情咨文中都明确提出：到2000年，美国的每一所学校的每一间教室和每一个图书馆都要实现与信息高速公路的连通；建议国会通过立法措施使美国的所有学校都实现“人、机、路、网”成片连接；积极鼓励、组织和支持使用新技术对学生进行革新教育的教师，让每一个孩子都能在“21世纪教师”网络得到教育服务。1997年2月，美国教育部制定了落实“教育行动纲领”的相关措施，要求所有教师都掌握计算机技能。克林顿在同年的国情咨文和年初《没有哪项任务比这更重要》的文章中再次强调：“要让人人都买得起计算机，人人有能力上网，人人都具备信息技术能力，在2000年及以后的年代里，我希望整个民族竭尽所能，使我们所有的孩子都获得所需要的世界第一流的教育，随着美国步入新世纪，没有哪项任务比这更重要。”为了实施美国的教育行动纲领，1998年美国投入510亿美元，以实现每一位美国公民都能利用信息技术进行终身学习的目的。中小学信息基础设施建设和中小学教师的信息化应用培训是这一目标的重点。2009年2月2日，美国政府公布了“从数字鸿沟走向数字化机遇”的报告，提出了专业技术平民化、技术培训规范化、网络内容实用化三大目标，制订了20亿美元的税收刺激方案和3.8亿美元（其中1.5亿美元专项用于教师信息技术培训）专项拨款来消除美国的数字鸿沟。

英国政府宣布1998年是英国的网络年，并颁布了《我们的信息时代》的政府宣言，以立法的形式规定把中小学原有信息技术选修课改为必修课，并制定了信息技术课的各项评价标准。该国确定从1998年10月起实施全国上网学习计划，在政府投入的教育经费中法定6%专项用于中小学的微机购置和网络建设。与此同时，布莱尔宣布增拨15亿英镑专项用于“更新教师的信息和通读技术能力”。

法国教育部部长阿莱格尔1998年初宣布，制定三年教育信息化发展方案，重点放在教育信息化大发展对相应信息教育师资的培训上，重点倾向于多媒体教学应用和微机操作水平的提高，旨在提高现有信息设备的使用效率，使法国由当时的初中学生32人一台微机、高中12人一台微机的水平，提高到初中学生16人一台微机、高中6人一台微机，这一标准2000年要在全法国实现。

（二）国际教育信息化的举措

目前，世界各国或地区均对教育的发展给予了前所未有的关注，都试图在未来的信息社会中让教育处于一个优势的位置，走在社会发展的前列。为此，许多国家或地区都把信息技术应用于教育，使其二者合力作用于民族发展。面对西方七个发达国家占据教育信息化制高点的现实，中等发达国家和发展中国家奋起追赶并试图超越，此举更使全球教育信息化的竞争日趋激烈。因此，竞相采取相应的教育信息化新举措，成为当代世界各国竞相实行教育信息化的一个十分鲜明的时代特色。各国在拟定教育信息化新举措时，呈现了取长补短、既竞争又借鉴的局面。尤其是发展中国家可借鉴当代世界教育信息化前沿成果，尽量少走弯路，以缩短与教育信息化国际水准的差距，这是当代为实现教育信息化而采取教育新举措的原动力之一。

1. 教育信息化的主导是教师，主体是学生，要在师资教育信息化培训和相应信息技术装备方面实行政策倾斜

确定在经费和投资力度上优先保证的方案，保证从师资信息化理论型培训向信息化教育技术的应用型能力培训的新一轮战术和战略新举措的落实。

新加坡 1997—2002 年的 MIT 总体教育信息化规划中，要求到 1999 年，全国教师都要接受 MIT 应用能力培训，并把它作为师资资格聘用的重要标准之一。为此，保证每两位教师配备一台计算机并规定在小学 10% 和中学 30% 的课程中，教师必须用计算机授课，否则就会面临下岗的严峻局面，以此激励教师提高自身的信息化水平。规划还规定，到 2002 年，全国各类学校 30% 课程使用计算机上课，实现全部学校联通校园网，所有教师及小学四年级以上的学生人人备有电子邮件账号，此举旨在使新加坡形成教育智能岛的雏形。为此，新加坡教育当局拨出专款，为教师每人补贴 20% 购买家庭自用计算机的费用，以此提高全员的信息化水平。为应对人力资源不足的情况，从 1999 年起在每所学校建设四元信息化梯队，即聘用高理论、高信息技术、高操作水平和高资历教师组成的信息化四结合队伍，为学校教育信息化提供全方位的支持和指导，以保证学校的理论和实践资源数据库常备常新。与此同时，加大师范教育信息化课程力度和权重，使未来教师在在校学习时就能掌握信息技术的应用。

英国政府宣布 1998 年是英国的网络年，1998 年 10 月起实施全国上网学习计划，重点是“为全国教师提供机会，以更新他们的信息和通信技术能力”。为在 4 年内训练所有教师能够使用互联网，英国首相布莱尔宣布 1998 年内拨款 1.02 亿英镑作为专用资金，这一投入在 1999 年时达到 1.05 亿英镑。布莱尔在 1998 年 10 月全国上网学习计划开幕式上指出：“这就等于在我们的课堂内建立起世界一流的教育图书馆。”2007 年英国 98% 的中学和 100% 的小学拥有互动电子白板，英国开放大学是世界上最成功的网上大学，累计培养学生超过

300 万人。英校联合信息系统委员会（JISC）2010—2012 年发展战略的相关规划主要包含 E-learning 文化、研究环境、人员素质、共享服务、云计算和改变评估等内容。

美国教育部 1997 年 2 月 13 日发表了与总统克林顿教育行动纲领相应的举措说明，其中针对教师进行教育信息化培训的条款占据重要地位。为实施教育行动计划，1998 年美国投入巨资，旨在使每一位美国公民都能利用信息技术进行终身学习。为做到这一点，美国的举措是先从中小学教师的教育信息化应用培训开始。2010 年正式发布《国家教育技术计划》（NETP），内容涉及学习方式变革、评估方式变革、教学方式变革、基础设施升级和应用系统重构，这标志着在发达国家或地区，信息化对教育的作用已经从应用阶段进入变革阶段，意味着信息技术不只是工具，且信息化也不再仅仅停留在建设阶段。例如，麻省理工学院（MIT）的开放课程平台上，人们可免费共享 33 个学科门类的超过 2000 门课程（其中超过 900 门已汉化）。美国总统奥巴马早在 2009 年就说："到 2020 年，美国将重新成为世界上高等教育毕业人口比例最高的国家。"又如 MIT 的 TEAL（Technology Enabled Active Learning）计划的目标就是实现彼此合作、高度互动，随之产生环境的大变革：教室就是实验室，网络教学系统、3D 立体视觉仿真图形、实验动态仿真、桌上型实验设施、个人实时回馈系统等融合于教学之中。在终端设备方面，2009 年美国加州开始普及中小学电子课本，2010 年 iPad 的成功推广引发美国电子课本普及狂潮。

日本前首相桥本龙太郎于 1997 年 1 月 19 日在国会施政报告中指出，在国际化、信息化日益发达的当代，应把迄今重视平等、均一的学校教育转变为对个性、个人、个体能力的开发，包括针对教师个体能力的开发；加强教师培训体制的管理和政策倾斜，主要是指进一步加强对师范教育在校生和学校现任教师信息化培训及对学生指导能力的培养。为此开设"教育信息化方法与技术"的教职课程，决定从 2000 年开始在教师培训阶段设立"信息设备操作"的实用课程，并把它列入培训学分制的计算考核范畴。日本文部省于2010年颁布的《教育信息化指南》中规定未来5~10年实现以下内容：信息化的进展和学校教育的信息化，信息化教育的学习与指导，使用ICT的思考方法，信息教育体系的推进与构建，德育与学校、家庭的区域合作，推进学校行政信息化，提高教师使用ICT的指导能力，整治学校ICT环境，完善特殊教育信息化、教育委员会、学校的信息化体制。

2. 重视外国语应用界面水平运作能力的提高，并作为教育信息化综合指数评价重要指标之一

在美国波特尔和日本小松拟订社会信息化综合指数体系评价两个指标常模之后，世界各国或地区也纷纷仿效，并在此基础上把社会信息化指标体系中的教育指标独立开来，拟订教育信息化评价体系。如韩国首先将外语应用水平纳入教育信息化评价体系，要求大学师生英语必须达标，为此建立国家虚拟大学（1997年2月建立）和国立电子化外文图书馆，以适应80%以上的互联网上的英文界面；提出大学师生普及“微机化加外文化”的国际教育信息化基础评价标准，并作为全国教育信息化进程的首批指标，以此带动全国教育行业的信息化进程和标准运作目标；强调外语和微机要从学术理论型、知识性深造型向应用能力型、实践运作型转变，注重使用电子图书馆系统和超高速通信网的运作能力，提高师资教育信息化处理能力，提高大学生整体信息素质，尤其重视师范院校师生的信息化素质的提高，以启动整个教育信息化的工作母机，这是很有远见的创新之举。在这一政策导向下，韩国釜山东明信息大学独家投入2600台计算机，以电子化图书馆为依托建立虚拟大学，形成以网络化教学为中心的运作体系，以外语化和微机化为两翼的联网讲授的立体教育模式。这一高层次的现代立体化教育模式，可与世界上任何电子图书馆互通有无、资源共享，达到“天涯变咫尺，咫尺变天涯”的虚拟教育大环境下的现代讲授与学习的国际大教育目标，东明信息大学还具有评定和授予学位的大学职能，此举堪称东亚虚拟大学教育信息化创新之冠。

从上述材料我们可以知道，在世界各国或地区，教育信息化已经成为教育发展的一个重点，而且许多国家或地区以立法的形式对信息技术教育给予了相当的地位。

二、国内教育信息化的发展

（一）新千年前十年我国教育信息化的相关政策

早在1982年，我国就在北京几所大学的附属中学进行了教育信息化的试点工作，应该说开始的时间还是比较早的，但是，由于各方面原因的制约，相关工作徘徊的时间较长，最终导致发展不够均衡。面对世界信息技术教育的迅速发展，为了尽快缩短我国信息技术教育与世界发达国家的距离，1999年末，教育部宣布我国中小学从2001年9月份开始逐步开设信息技术课程，并公布了“中小学信息技术指导纲要”。2000年10月召开的“全国中小学信息技术教育工作会议”，决定从2001年起用5~10年的时间在全国中小学基本普及信息技术教育，努力实现基础教育跨越式发展。在这次会议上，教育部提出了中小学普及信息技术教育的两个主要目标：

一是开设信息技术必修课，加快信息技术教育与其他课程的整合。2001年前，全国普通高级中学和大中城市的初级中学要开设信息技术必修课；2003年前，经济比较发达地区的初级中学开设信息技术必修课；2005年前，所有的初级中学以及城市和经济比较发达地区的小学开设信息技术必修课；争取尽早在全国90%以上的中小学开设信息技术必修课程。同时要促进信息技术的应用与课程教学改革的有机结合。

二是全面实施中小学“校校通”工程，努力实现基础教育的跨越式发展。用5~10年的时间加强信息基础设施和信息资源建设，使全国90%左右独立建制的中小学能够与网络连通，使每一名中小学师生都能共享网上教育资源，也使全体教师都能提高素质教育水平和能力。在2010年前争取使全国90%以上独立编制的中小学校都能上网，条件较差的少数中小学校可配备多媒体教学设备和教育教学资源。

2001年6月14日国务院在北京召开了基础教育工作会议，并发布了《国务院关于基础教育改革与发展的决定》，其中第26条为：“大力普及信息技术教育，以信息化带动教育现代化。各地要科学规划，全面推进，因地制宜，注重实效，以多种方式逐步实施中小学‘校校通’工程。努力为学校配备多媒体教学设备、教育软件和接收我国卫星传送的教育节目的设备。有条件地区要统筹规划，实现学校与互联网的连接，开设信息技术课程，推进信息技术在教育教学中的应用。开发、建设共享的中小学教育资源库。加强学校信息网络管理，提供文明健康、积极向上的网络环境。积极支持农村学校开展信息技术教育，国家将重点支持中西部贫困地区开展信息技术教育。支持鼓励企业和社会各界对中小学教育信息化的投入。”

这些充分说明了我国党中央、国务院和教育行政主管部门已经充分认识到了信息技术教育的重要性与紧迫性，也体现了他们对加强我国信息技术教育建设的决心与信心。教育信息化不再是一个空洞的名词，而是转化为一系列具体的行为目标和可操作的步骤。

（二）新千年第二个十年我国教育信息化相关政策

2010年，教育部制订的《国家中长期教育改革和发展规划纲要（2010—2020年）》的第十九章“加快教育信息化进程”，首次将教育信息化上升为国家战略，具体内容如下。

1. 加快教育信息基础设施建设

信息技术对教育发展具有革命性影响，必须予以高度重视。把教育信息化纳入国家信息化发展整体战略，超前部署教育信息网络。到2020年，基本建成覆盖城乡各级各类学校的教育信息化体系，促进教育内容、教学手段和方法现代化。充分利用优质资源和先进技术，创新运行机制和管理模式，整合现有资源，构建先进、高效、实用的数字化教育基础设施。加快终端设施普及，推进数字化校园建设，实现多种方式接入互联网。重点加强农村学校信息基础建设，缩小城乡数字化差距。加快中国教育和科研计算机网、中国教育卫星宽带传输网升级换代。制定教育信息化基本标准，促进信息系统互联互通。

2. 加强优质教育资源开发与应用

加强网络教学资源体系建设。引进国际优质数字化教学资源。开发网络学习课程。建立数字图书馆和虚拟实验室。建立开放灵活的教育资源公共服务平台，促进优质教育资源普及共享。创新网络教学模式，开展高质量水平远程教育。继续推进农村中小学远程教育，使农村和边远地区师生能够享受优质教育资源。

强化信息技术应用。提高教师应用信息技术水平，更新教学观念，改进教学方法，提高教学效果。鼓励学生利用信息手段主动学习、自主学习，增强运用信息技术分析解决问题能力。加快全民信息技术普及和应用。

3. 构建国家教育管理信息系统

制定学校基础信息管理要求，加快学校管理信息化进程，促进学校管理标准化、规范化。推进政府教育管理信息化，积累基础资料，掌握总体状况，加强动态监测，提高管理效率。整合各级各类教育管理资源，搭建国家教育管理公共服务平台，为宏观决策提供科学依据，为公众提供公共教育信息，不断提高教育管理现代化水平。

2011 年 3 月教育部召开了教育信息化专家座谈会，就如何落实《国家中长期教育改革和发展规划纲要（2010—2020 年）》，加快教育信息化进程，咨询了教育信息化和国家信息化领域高层专家意见。2012 年 1 月，教育部发出了《关于开展教育信息化试点工作的通知》，各省市相继制定了教育信息化“十二五”发展规划。2012 年 3 月又出台了《教育信息化十年发展规划（2011—2020 年）》。

2012 年，全国教育信息化报告会在北京举行，在会上教育部正式提出要全面实施“三通两平台”建设和“两项重点工作”。具体的“三通”为“宽带网络校校通”“优质教学资源班班通”和“网络学习空间人人通”，“两平台”是指“教育管理信息系统平台”和“数字化教育资源公共服务平台”。“两项重点工作”体现在“改善教学点的教学条件，实现教学点数字化教学资源全覆盖”和“加大教师应用信息技术能力的培训力度”方面。教育部通过对“两平台”的全面推行，进一步落实了教育信息化所追求的“三效”目标。

教育信息化的全面转变——“可在信息化教学环境下实现教育思想、教学观念、教与学方式以及课堂教学结构的根本性变革”则是指：

（1）教育思想。改变“以教师为中心”的教育思想，现阶段的教学发展趋势要求，在教学过程中，全面发挥教师主导作用；在学习过程中，更要强调学生的主体地位，最终形成“主导—主体相结合”的新型教育理念。

（2）教学观念。转变“传递—接受”的教学观念，当下的教学活动以“有意义的传递—接受”为主，同时又非常重视“教师主导下的学生自主探究”，所以，新型教学观念，即“有意义传递主导下与探究相结合”。

（3）教学方式。转变以“口授—板书—演示”为主的教学方式，当下的教学方式以更多地关注对学生的“启迪、诱导和点拨”为主流。

（4）学习方式。转变“聆听—手记—练习”的学习方式，从被动接受转变为主动探究的“自主—合作—探究”新型学习方式。

（5）课堂教学结构。新型的课堂教学结构，一方面教师在教学过程中要发挥主导作用，另一方面突出体现学生在学习过程中认知主体的地位，即“主导—主体相结合”。

2012 年 9 月，刘延东同志在全国教育信息化工作电视电话会议上发表讲话《把握机遇　加快推进　开创教育信息化工作新局面》，其中明确提出，“今明两年为8万至10万所农村中小学接入宽带，到2015年全国基本实现校校拥有网络教学和学习环境”“今明两年要围绕开足开好国家规定课程，重点启动‘三个课堂’建设，使全国50%以上中小学实现‘班班通’”“今明两年要把网络学习空间从目前的60万个提高到600万个，力争用5年左右时间使所有教师和初中以上学生都拥有实名的网络学习空间”，明确了教育信息化发展的具体目标。对此，各省、自治区、直辖市纷纷出台了教育信息化发展规划。

2013年4月，教育部正式发布了教育信息化“三通工程”年度任务指标，对各省、自治区、直辖市及新疆生产建设兵团教育信息化建设的发展提出了指导性目标和任务。

2016年教育部印发《教育信息化“十三五”规划》，其中明确，教育信息化“十三五”期间的发展目标是：“到2020年，基本建成‘人人皆学、处处能学、时时可学’、与国家教育现代化发展目标相适应的教育信息化体系；基本实现教育信息化对学生全面发展的促进作用、对深化教育领域综合改革的支撑作用和对教育创新发展、均衡发展、优质发展的提升作用；基本形成具有国际先进水平、信息技术与教育融合创新发展的中国特色教育信息化发展路子。”主要任务是：完成“三通工程”建设，加快推进“宽带网络校校通”，全面推进“优质资源班班通”，大力推进“网络学习空间人人通”建设，全面提升教育信息化基础支撑能力；积极利用云计算、大数据等新技术，创新资源平台、管理平台的建设、应用模式，实现公共服务平台协同发展，大幅提升信息化服务教育教学与管理的能力；不断扩大优质教育资源覆盖面，深入推进三个课堂建设，积极推动“专递课堂”建设，大力推进“名师课堂”建设，创新推进“名校网络课堂”建设，继续推动高校建设并向社会开放在线课程，优先提升教育信息化促进教育公平、提高教育质量的能力；加快探索数字教育资源服务供给模式，继续开展“一师一优课、一课一名师”等信息化教学推广活动，大力实施面向不同行业、企业的高等学校继续教育E行动计划，有效提升数字教育资源服务水平与能力；创新“网络学习空间人人通”建设与应用模式，从服务课堂学习拓展为支撑网络化的泛在学习；深化信息技术与教育教学的融合发展，积极探索信息技术教育模式中的应用，着力提升学生的信息素养、创新意识和创新能力，养成数字化学习习惯，促进学生的全面发展，发挥信息化面向未来培养高素质人才的支撑引领作用，同时建立健全教师信息技术应用能力标准，从服务教育教学拓展为服务育人的全过程；深入推进管理信息化，从服务教育管理拓展为全面提升教育治理能力；紧密结合国家战略需求，从服务教育自身拓展为服务国家经济社会发展。

2018年教育部印发《教育信息化2.0行动计划》认为，教育信息化2.0行动计划是推进“互联网+教育”的具体实施计划，是激发信息技术革命性影响的关键举措，是加快实现教育现代化的有效途径，同时要求继续推进“三通两平台”，实现“宽带网络校校通”“优质资源班班通”“网络学习空间人人通”的普及应用，持续推动信息技术与教育深度融合，构建一体化的“互联网+教育”大平台。

在全国教育大会上，习近平总书记对教育信息化的发展成效给予了充分肯定，李克强总理在讲话中强调要鼓励各级各类学校与时俱进，创新教育理念和人才培养模式，发展“互联网+教育”。中共中央、国务院2019年2月印发《中国教育现代化2035》。《中国教育现代化2035》提出了推进教育现代化的八大基本理念：“更加注重以德为先，更加注重全面发展，更加注重面向人人，更加注重终身学习，更加注重因材施教，更加注重知行合一，更加注重融合发展，更加注重共建共享。”中共中央办公厅、国务院办公厅2019年2月份印发《加快推进教育现代化实施方案（2018—2022年）》，提出了推进教育现代化的十项重点任务，其中之一就是大力推进教育信息化：着力构建基于信息技术的新型教育教学模式、教育服务供给方式以及教育治理新模式；促进信息技术与教育教学深度融合，支持学校充分利用信息技术开展人才培养模式和教学方法改革，逐步实现信息化教与学应用师生全覆盖。

2014—2019年，教育部每年都会印发《教育信息化工作要点》，2018年和2019年网络安全也被加入其中。该文件主要规定了本年度教育信息化的核心目标及重点任务。比如2019年教育部印发的《2019教育信息化和网络安全工作要点》，其中重点任务为加强教育信息化和网络安全统筹部署，全面开展数字资源服务普及行动，持续深化网络学习空间覆盖行动，大力实施网络扶智工程攻坚行动，深入推进教育治理能力优化行动，启动实施百区千校万课引领行动，扎实推进数字校园规范建设行动，有序开展智慧教育创新发展行动，深入开展信息素养全面提升行动，强化教育信息化支撑保障措施，提升网络安全人才支撑和保障能力共11个大项目。

第三章　高校信息化教学策略研究

第一节　高校启动网络教学工作的思路

一、网络教学在高校推动的必要性

目前，辅助教学平台在高等院校的应用已经非常普遍。教师应用网络教学的目的很多，一所应用了网络教学的高校开展调查活动，在谈及应用混合式教学的原因时，83.2%的受访教师认同“想尝试一种新的教学方式”，同时也有近一半（45.4%）的教师相信“这种教学方式可以提高教学效果”。通常，网络教学的目的主要包括以下几个方面。

（一）教学资源共享的需求

大多数院校拥有国家级精品课程、省市级精品课程以及院级精品课程等优秀成果；另外，每位教师都积累了丰富的教学资源，如课程标准、课件、优秀教案、科研成果等。认真整理一下会发现，高校有很多宝贵的教学资源。随着双师型教师、兼职教师数量的不断增加，很多智力资源只是放在这些“制造者”本人的头脑中，没有被系统地整理，没有利用信息化的手段进行释放，更没有被同行学习和借鉴，这样势必会造成教学资源的大量流失和浪费。高等院校的无形资产有形化，势在必行。

（二）利用网络汲取新知识的需求

专业知识更新速度加快，学生需要通过互联网获取大量的课外信息；教育部、人力资源和社会保障部推出很多培训项目，各培训机构、微软等国内外大企业也推出面向市场需求的网络培训课程。此外，由于多媒体教学方式的推广，课堂节奏加快，学生需要利用网络及其辅助平台进行自学。

（三）教学管理、教学质量提升的需求

课堂教学是每所学校的中心任务，教学质量的提升则是学校发展的命脉。网络教学平台的引入，有利于统一进度、统一教学目的和要求、统一教学内容、统一重点难点、统一例题和习题。此外，课程标准、授课计划、教学大纲以及教案等诸多信息的梳理及发布，有助于克服教学过程的随意性，方便管理部门及师生共同监督。

现在，网络教学平台的引入，更有助于形成具有本校特色的课程资源，逐渐发展成市场化的“课程包”；对于教师资源发布情况的系统计分及评比，更有助于严谨治学态度的培养，并形成积极向上的校园氛围。在很大程度上讲，信息化教学绝不仅仅是教学资料的简单整理和发布，更可以切实提高教育教学质量，也是对教学管理思路的一次洗礼。

二、网络教学平台的关键作用

形象地讲，网络教学平台就是信息化的教学楼，主要功能有两个：一是集中展示学校教学资源，二是广泛应用于辅助教学。此类平台在全国应用非常广泛，近两年来，有很多院校开始一步步推动平台上的课程资源建设，应用效果不错。直观地讲，网络教学平台的作用主要体现在以下几方面：

（一）让精品课程等优秀的课程资源“活”起来

如今，教育部对院校精品课程建设的要求，迅速从“材料化”向务实应用迈进，精品课程要求“活”起来，要让学生从中真正能够受益，而绝不是精心准备一堆素材，评审过后又将这些素材束之高阁。精品课程从一个侧面体现学校的师资水平，体现出院校以学

生为中心进行教学的原则，其推广与实施越来越依赖网络教学平台。

首先，精品课程建设的重点内容是网络课程建设。网络课程并非形同虚设，需要真正让老师动起来，让学生用起来，如课堂补充内容、布置与批改作业、网络答疑与论坛、成绩公布与成绩管理等，同时，教学手段要求多样化，教材要求立体化、生动化，课件要求多媒体化、案例化；教学设计不再是以讲授为主，要借多种教学模式转向以学生为中心，等等。而这一切，正是网络教学平台设计中考虑得最充分之处。

有些标准化的网络教学平台，就是根据教育部要求，自动生成各内容模块模板，如课程简介、申报表格、课程标准、教案、课件、教学录像、科研成果、自学平台以及互动平台，可以大大简化部署精品课程的开发难度，降低开发精品课程的技术要求。

其次，评审过程中，专家以网络手段加强课程的社会公开评价比重，而网络教学平台是专家和社会了解学校精品课程建设状况的窗口，精品课程工程的效果如何，取决于该工程的社会效益；社会效益的评价主体是社会大众，通过网络收集多方面的受众反馈数据无疑是最方便、快捷的。比如，社会公众中的同行评价，将促进精品课程在师资传承上有所作为；社会公众中广大学习者的评价，将促进教学资源建设和教学方法的提高；通过网络收集专家评价，有利于扩大专家面，同时减少专家在时间和体力方面的付出。

正如某位评审专家所言："通过互联网公开传播精品课程建设成果，不仅在于资源共享，也不仅在于资源创造者和应用者的互动，更在于精品课程社会评价体系的建设和完善。"

（二）完整体现教学资源，客观、科学地量化教师的能力和态度

在平台上的资源建立完善后，每位教师的职位、职称、特长、教学时数、所任课程，以及课程规划、授课大纲、教案、课件、媒体素

材、论文、典型案例等内容会一一呈现；此外，教师的教案、学生的互动情况、学生课外作业安排等内容也会完整体现。资源的公开、透明有助于管理部门量化考核，有助于教师工作积极性的充分调动，有助于资源共享、相互促进，更有助于激发学生学习潜能，提高整体办学水平。

（三）辅助教学，推动师生互动学习

资源建设是前提，教学应用才是目的。随着教学资源的不断释放，平台内容日益丰富，对学生的吸引力就会加强。除了与课堂相关的网络课程，市场需求较大的培训认证内容、与课堂内容关联的素材，以及健康积极，能丰富学生业余生活、开阔其视野的专题讲座均可放到平台上。经过一段时间的磨合和引导，学生会主动在网上学习、网上交作业、交流讨论、网上解惑、索求参考资料，并逐渐形成良好的学习氛围。当然，在平台运用过程中，一方面需要激发学生的应用积极性，更需要以一定的政策、措施提高教师对平台的应用积极性。

三、遇到棘手问题的解决思路

网络平台推动过程中，往往第一年所遇阻力最大，第二年教师会主动去接受（当然，有一些学校由于推动不力，平台利用率在第二年会更低），第三年师生会明显受益。推动期间，常常会遇到一些问题，如果不能下决心坚持解决这些问题，项目中途“流产”的可能性比较大。

（一）首先要给网络教学平台一个应用定位

从全国范围看，高等院校引进网络教学平台已成定势，要想成功地推广教学平台，在选型时需要给平台明确定位：一是课程资源展

示，二是辅助教学，其更大的价值体现在于后者。如果单是为了建立课程展示中心，就不需教学平台，建立一个网站就可以了。学校领导也要明确平台上的课程是否真正应用到实际的教学过程中，否则会造成课程展示结束之后长期无人维护、无人使用的现象。

（二）购买成熟的产品

市场上开发此类平台的学校和企业不少，他们的产品价格、性能、服务差别比较大，建议要购买应用成熟的产品，并购买足够的用户接点数，保证全校的师生都可以使用教学平台，尽可能让学生在教学平台上都设立账户，调动他们使用教学平台的积极性，让学生去促进教师的教学工作。有必要的话，教务处可以制定一定的激励措施。虽然有了足够的账户，有了推广教学平台的环境，但在第一年平台应用过程中，教师们可能不太情愿使用教学平台，因为对教学平台不熟悉，而培训要花时间和精力，特别是对于 IT 基础较弱的文科老师，有一定的挑战性。

（三）对教学平台进行两级管理

在调查中发现，有些院校在教学平台的推动过程中，仅仅将其看作一个“软件”的安装，投了费用、热闹一年半载后又不了了之。究其原因，是高层领导重视度不够，中层领导不推动，大多数教师又很难站在一定的高度求发展，只图“多一事不少如一事”。如果坐等教师主动使用教学平台，没有一定的资金保障和政策支持，平台的价值体现就会遥遥无期，所以，平台推广及管理就显得尤为重要。

设立教辅管理部门（或信息中心与教务处协调），建立并完善项目推动的激励机制和配套政策，以项目投资的方式推进教学资源的建设。教辅管理部门将教学平台的功能进行梳理，分步骤、分阶段地推广，并对应用方案进行设计，形成案例，从根本上推动教学平台的运用。该部门可以设两个编制，一个是平台规划及总协调人员，另一个是技术维护人员。

由于网络教学平台嫁接在校园网上，网络管理中心的力量可以借用，他们和技术维护人员一起，负责落实技术开发、培训、维护工作；他们通过咨询热线（电话或E-mail）为师生服务，还可以将热线问题归纳成为问题知识库，培训各系部的平台管理员。

在各系部，建议引进“信息管理员”这一角色，由教务处工作人员、系教学主任（或教学秘书）兼任，他们是第一线的宣传员和督导员。因为他们本身就有教学管理的职责，与教师合作的可能性会更大。各系信息管理员总体负责课程资源的后台维护，负责督导教师的工作，解答教师们提出的常见问题（一般70%至80%的问题可由其解答），余下的20%至30%的问题由技术中心维护人员回答，这样就大大减少了维护工作量。

教学平台应有高层监督队伍，主要由教务处负责人和院领导组成。教务处负责人是主要监督员，督促院系管理员的工作，检查教师的使用情况。建议分步推动实施，比如，先要求教师实现教学大纲、教学进度表、课程文档的PPT文件在平台上发布，第二步再要求教师利用平台实现互动式教学。如果经费允许，可以购买课程资源。

教学平台的推动是一个新事物成长的过程，为了更好的明天，我们必须经受困难，加快网络辅助教学的推动过程。

第二节 高校网络教学的推动策略

为了推动教学管理评价更加全面、客观、公正，为了形成具有本校特色的课程资源、打造市场化的“课程包”，同时为了加强师生在校际、国内外的资源共享和学术交流，越来越多的院校引进了网络辅助教学平台。但遗憾的是，有相当一部分院校在实施网络教学的过程中，由于事先没有评估到项目可能遇到的种种障碍，最终推动不力而未能如愿，甚至导致师生心生怨气。所以，正确推动院校开展网络辅助教学，正在成为诸多院校开展信息化教学的重中之重。

一、厘清整体推动思路

作为数字化校园建设的一个重要组成部分，网络辅助教学的推动和实施同样需要各部门通力协作，它涉及的人员多、范围广，实施时间长，以项目为核心的实施模式是必然选择。

如前所述，项目在第一年推动过程中所受阻力最大，第二年教师会主动去接受，第三年师生会感觉到明显受益。如果不下决心、没有配套的体制机制、缺乏合理的长远规划，加上教师在使用网络教学系统时面临种种困难，项目就很有可能会半途而废。纵观国内外的成功案例，信息化项目应该分四个阶段进行。

（一）启蒙准备阶段，院校明确并坚定“要用”网络教学

该阶段一般需要 2 个月，在这期间需要做大量的工作，最为重要的几项工作是：通过大量的沟通或外部考察，高层领导充分重视，中层领导意识到推动的必要性、重要性；教育引导广大师生更新教育观念，师生的观念转变是开展工作需要关注的核心问题；成立网络辅助教学建设领导小组及网络教学建设办公室；组织中坚力量到先进院校取经学习；合理规划项目实施阶段及各阶段的主要任务；明确各部门在推动过程中的职责；明确各阶段主要的网络课程建设及建设内容；制订配套的政策。

（二）起步阶段，解决“会用”“用起来”的问题

该阶段需要一年时间完成，主要任务是推动“首批示范性网络课程”的应用。这个阶段究竟上哪些课程、上多少门课程根据各校

实际情况而定，要认真权衡院校的校园网资源建设情况、教师对于教学过程中的IT技术的掌握程度、学校提供的经费支持力度、学生素质，甚至哪些教师能潜心教学等多个因素。首期能推动多少门课程的网络教学，的确不能一概而论。该阶段的实施情况，直接影响乃至决定后期项目的推动，所有细节都需要认真斟酌。

该阶段的主要工作是：网络平台的安装试用，确定首批网络教学课程及内容建设（或移植），建设网络课程资源，平台应用培训，在摸索和完善中不断实施网络教学，检查评估制度的建设、实施、反馈与修正，积累教学平台上基本数据。

（三）发展阶段，主要解决“推广普及”“真正用”的问题

通常以一年为单位，该阶段主要任务是：推广上一阶段经验，升级网络教学平台，发展第二批网络课程和教学实践，修订相关的规划、政策和制度，扩大教学平台上的师生用户数量，完善建设网络课程资源，评估和管理更加科学到位。

（四）创优提升阶段，让实质性应用得到一步步深化

在推广普及后，每学期（或学年）都可以开展网络教学的创优提升工作，开展相关的评比和教学效果评价活动，进一步加强教学资源建设，将网络教学实践合理应用到各专业、课程层面。本阶段网络课程要占到课程总数的80%，从理念、队伍、技术、制度等方面完善网络教学服务体系建设。院校信息化建设的一项调查中发现，像高等数学等个别基础课程，运用网络辅助教学的效果并不好，所以，并不建议所有的课程都用网络教学。

二、设置行之有效的推动机制

网络教学重在应用，流于形式的素材堆叠常会导致“劳民伤

财”、师生抱怨，因此，一支强有力的推动队伍、“软”“硬”手段结合的推广措施极为关键。仅靠学院的政策鼓励，很难一下子激发出教师的积极性。调查发现，凡是成功推动网络教学的院校，无不是运用形式各异的推动手法，如：参观学习、学院自上而下的宣传造势、对首批实践的教师进行情感攻关、“领头羊”有效示范、平台上的数据适时整理反馈，等等。并且，必须有合理的推动机制。

（一）首先要成立网络教学建设领导小组

由教学院长或主管信息化工作的院长挂帅，教务处处长（校办公室主任）、信息中心主任、各系部主任等为小组成员。在推动的第一阶段，大多院校都是摸着石头过河，让各部门携手共进，职责划分应该非常明确。

网络教学建设领导小组：规划管理网络教学建设，审核相关政策制度，协调人、财、物资源。

教务处处长：制订实施方案和管理文件，组织教师培训，对网络教学课程进行审批、检查、评估，保障教学平台的应用支持。

信息中心主任：落实教学平台的技术支持，日常维护平台的网络、服务器等设备并进行技术指导，定期数据备份，解决相关技术难题。

各系部主任：负责本系部的网络教学建设的目标制订、具体规划与实施，监督本系部网络教学事务的各项工作。

（二）成立网络教学建办公室

网络教学是一种新的教学活动，要给教师增加很多工作量，实施起来有相当的阻力，要绞尽脑汁去推动。大到全院上下的宣传造势、细至首批示范教师每周的思想工作，很多问题需要人去发现、去解决，各相关部门不可能为此分出太多精力。第二阶段的工作开始前，就要成立网络教学建设办公室。该部门可以设两个编制，一个是平台规划及总协调人员，另一个是技术维护人员。

建议由系教学主任（或教学秘书）兼任“信息管理员”这一角色，他们是第一线的宣传员和督导员。因为他们本身就有教学管理的职责，教师愿意合作的可能性会更大。

（三）建设高层监督队伍

高层监督队伍由教务处负责人和院领导组成。教务处长是主要监督员，督促院系管理员的工作，检查教师的网络平台使用情况。先要求教师实现教学大纲、教学进度表、课程文档的 PPT 文件在平台上发布，再要求教师利用平台实现互动式教学。如果经费允许，最好能购买视频课程资源。

三、推动工作必需的三点策略

（一）转变教师观念是开展工作的前提

开展网络辅助教学初期遇到的最大的问题是：管理人员和教师受信息技术水平和教育观念的限制，有一定的惰性或畏难情绪，因而，虽然学校投入不少，却未能将系统真正用起来，大多会流于形式或束之高阁。所以，要充分做好宣传动员工作，让教师在思想上理解和接受网络教学，增强其主动性和积极性。要通过示范教学、宣传等手段，告诉教师网络辅助教学是教学资源共享的必然需求，是学生利用网络汲取新知识的必然需求，也是教学管理、教学质量提升的必然需求。

（二）营造好的网络教学氛围，促进“应用”

要想成功地推广网络辅助教学，在产品选型时需要明确定位：一是课程资源展示，二是辅助教学，其更大的价值体现在于后者。

学校可以制定相关政策，以教改立项方式鼓励教师参与，并予以专项资金支持。调查表明，68.40%的普通本科院校对此有相应的鼓励政策，而高职高专院校中这一比例只有15%，这也是网络教学效果不太明显的主要原因之一。

鼓励政策有多种：对于建设好的课程进行重点扶持使之成为优质课程，让更多有想法和意愿的教师加入试点应用的队伍中；提升教师的现代教学素养和信息技术技能，提高其网络资源重构能力，使教师能重构和汲取其他有益的教学资源；教学平台运用效果好的老师可在职称评审、评优评奖中获得加分或优先考虑；引导学生交流互动，突出课前预习、课后辅导交流的应用要求；加强检查工作，对于没有应用数据的课程要及时清理，让出资源给其他师生，提高平台基础设施资源的利用率；定期召开平台应用座谈会，分享应用效果较好的教师的成功经验；每周给学生提供一定免费上机时间等。

（三）应配套有效的实施和监督管理

和传统教学的检查方式不同，网络教学的教学评价主要是对师生情感、态度、兴趣、投入积极性的评价。多数网络辅助教学系统中提供了用户使用系统时的真实记录，基于记录进行数据挖掘而做出的评价才可能是真实的评价。所以，在监督管理中，除了检查课程规范性、创新点、题库、学生对课程的反馈、多媒体课件覆盖范围之外，最重要的一点是要检查课程交互性。如：一节课的整体访问量至少要达到学生数乘以10，如班级人数为50人，访问量需要在500以上，讨论区至少有10条的发言。如果没有访问数据，再昂贵的教学资源也是摆设。

第三节　高校混合式教学的策略探析

调查显示，美国高校利用新技术来支持教学活动的发展趋势显著，其中，混合式学习的增长速度最为迅速，45%的课程是通过混合式学习方式实施的。预计在未来2～3年内，混合式学习课程比例将会达到55%。在国内，一批院校充分意识到，学习已不再是教师讲、学生听的单一形式，师生互动、生生互动，正成为更加积极有效的学习方式，教师必须思考网络教学环境下教学模式的改革。然而，由于生源基础相对薄弱、机制建设匮乏等原因，混合式教学在院校中整体推动效果并不好。

笔者对北京大学、暨南大学等本科院校及示范性高职院校进行了大量调研，提出了院校混合式教学推动的关键策略：平台建设是基础，资源建设是核心，教学应用是目的，教师培训是先导，管理制度是保障。

一、重点推动网络教学资源建设

网络教学资源是学校一项重要的内涵建设，它是教学成果的积累和传承，是学校多年的历史沉淀，是实现教育现代化的前提，是适应90后学习习惯的辅助教学方法，现代化教学资源建设是教学信息化的永恒主题。根据《教育资源建设技术规范》的要求，数字化教学资源主要包括11大类：媒体素材、教学文档（PPT）、习题库、试卷、课件、案例、文献资料、常见问题解答、资源目录索引、网络课程资源包等。其中“网络课程资源包”是指具有完整的课程知识体系，覆盖课程的所有知识点，可以脱离教学平台独立运行的网络课程资源。

本科院校一般是由现代教育技术中心推动网络教学及课程资源建设；高职院校的网络教学工作有的归教务处负责，有的则成立了专门的网络教学中心承担相关职责。无论是哪个部门，在拟定文件、制订课件标准、项目验收等各个环节，都要强调网络辅助教学重在“应用”，而非“形象工程”。

（一）依托立项建设高质量的课程资源

项目可以是校级、省（部）级，甚至国家级立项课题，以校级立项资助建设为主，在经费、成果等方面对教师的工作积极性予以保障鼓励。

（二）广开各种渠道，构建网络课程资源

目前，高等院校教学资源的集成有两种基本渠道：一是精品课程，二是专业教学资源库。此外，网上免费公共资源、与其他院校交流的资源，通过数据商购买的课程，精品课程、公开网络课程以及与企业合作开发的资源等都可以加工借鉴。

近几年，即使是同一门课程，国家级精品课程可能就有多门，还有网络课程资源和国内外优秀的学习资源。精品课程在课程设置、教学内容、教学方法与手段、教学队伍、实践条件、教学效果及特色等方面展示了课程建设成果，并建立了一套比较完善的机制，可以作为网络课程的素材，并在网络教学中加以应用。教师通过课前预习、任务安排、小组讨论等多种方式引导学生积极参与到网络学习当中。教师如何高效率地搜集和利用教学辅助材料，学生如何选择和获取有用的网络学习资源，这也成为网络教学中教师思考的典型问题。

（三）分批次建设网络示范课程，促进应用

首批可以选择一部分潜心教学、对信息技术有一定基础、其课程适合于网络教学的教师，他们一般更愿意尝试教学方法与手段的改革，并具备一定的学术水平。当然，如果经费充足，也可以让更多教师报名参与，采取“遍地撒种、先发芽者就重点培育”的方式，首批教师的示范带头作用将给后续的推动工作带来良好的辐射效应，从而全面促进全校整体应用水平的提升。

无论是哪种方式，都需要提前规定平台上课程的建设内容，比

如：课程简介、大纲、PPT、各章节习题、测试题、学习活动、学习评价及反馈、教学进度（讲授、实验、辅导）、教师联系方式、课程通知等。这是全校所有网络课程的基本目标，为满足基本教学和管理需求而设。

二、不断完善混合式教学的机制体制

校领导应高度认识混合式教学的重要性，这是推动教育教学改革的前提条件。

（一）完善网络教学的体制

从机制建设看，学校要成立网络教学领导小组，该小组成员由教学校长或主管信息化的校长牵头，各系部主任、信息中心主任等为成员。结合学校的发展规划和教学目标，按照“统一规划、分步实施、侧重应用、重视规范”的原则，建设一个在数字化校园整体框架下的，与教师、学生、课程等校园管理系统有机整合的网络教学系统平台，明确三年甚至五年的网络教学推动计划。

调查发现，无论是本科院校还是高职院校，网络教学的初期推动工作都非常困难，一是因为涉及现代教育中心、教务处、信息中心、人事处、督导处等各个部门，二是要改变多年的传统教学习惯，人们观念的改变是相当困难的。针对上述困难，高等院校应该成立网络教学办公室，并赋予其相应的责、权、利，由其全面主抓网络教学的各项工作。

网络教学办公室可以隶属于信息中心（或教务处），也可以直接向信息化主管院领导汇报工作，这与相关部门领导的工作积极性、思路清晰度、院校规模、经费投入、院领导的重视程度都有关系。该部门一般有 2 ~ 3 个成员编制，主要职责是：指导教师从事教学设计、课程建设和教学实验；运用组织培训、设计宣传、感情沟通、调研等多种手段激发教师积极性，即“推动应用”；解决网络平台的各类技术问题，提供良好的服务支持。如今，网络教学平台建设已从初期的资源积累与传递扩展为多方位的教学交互，从管理的角度来说，应加强网络教学服务，如IT技术人员提供的系统运行服务、工具使用服务、技能培训服务，网络课程管理员的账号管理服务，及时解答师生的疑问，收集整理需求等，工作量非常大。

网络教学是一项长期的工作，业务繁重，这就要求网络教学办公室要有极强的执行力，有严谨的推广策略和思路，有极高的协调能力去和各个部门打交道。

（二）制定和完善相应的长效机制

网络课程是一个持续不断的建设过程，学校需要成立网络教学办公室，并赋予其相应的责、权、利去落实各项工作；另一方面，该部门要多方协调，制定和完善各项制度，如：教学资源的建设流程、项目管理办法与技术规范、专家评审制度、项目答辩制度、项目培训制度、中期检查制度、网上结题验收制度、成果推广制度等，可采用校内IP限制、制作资源水印等多种途径，帮助学科教师解决资源共享过程中的知识产权保护问题，解除教师的后顾之忧，以保障教学资源建设与应用工作稳步持续向前发展。

三、建立、完善宣传和培训制度

（一）全方位的宣传推广是开展工作的前提

教务处等核心部门在充分认识到网络课程建设的重要性后，在推进平台建设和应用的过程中，全方位的宣传推广尤其重要，可以通过发邮件、论坛发帖、海报和橱窗来宣传网络教学平台的建设方法、建设成果、应用方法以及学校相关政策，对教师和学生进行潜移默化的引导。

（二）多种类型的培训是做好网络教学的保障

培训类型很多，比如：配套印发一些简易教材和在线教程，开展不同层次、不同类型的多媒体教学资源制作项目的培训，促进学科教师多媒体教学资源制作与应用水平的提高；组织专家讲座，开展学科教师的研讨交流，从各系部挑选出一定数量的骨干教师，每学期举办混合型教学策略的试点实验与教法研究，总结实践经验，促进教学方法改革和创新能力培养等工作，并向其他院系推广等。

此外，还要加强师生的信息技术素养、教学平台的技术培训，及网络课程设计方法及应用培训：课前如何实现网上备课、网上通知、预习，给各小组布置任务；课堂中如何激发学生观点碰撞、辩论、点评、分享优秀成果，激励优秀生、督促后进生；课后如何组织实施网上讨论、分组协作、批阅作业、交流互动等。要让网络真正辅助于课堂教学。

（三）建立良好的软硬件环境

网络教学首先需要搭建一个良好的软硬件环境。调查发现，网络及服务器等硬件基础设施的建设不成问题，关键是网络教学平台的选择。现在市面上的这类软件有30多种，其中有商业公司开发的，也有开源免费使用的，如Blackboard、WebCT、Sakai、清华教育在线等，价格从几万元到几十万元不等。

国外的斯坦福大学、麻省理工学院等院校，国内的中山大学、首都师范大学等，很多是选择两套甚至更多的系统，这可以降低系统崩溃所导致的损失；有些本科院校因为软件开发实力相对较强，甚至会选择某些开源软件（免费）。高职院校由于自身信息中心（或网络中心）的软件开发能力薄弱，更多是购置成熟的系统“买来即用”，这就需要多方权衡选择一个成熟的系统，否则，一旦师生的积极性被调动起来，就会面临着用户数不够、系统不稳定、资源移植等问题，在一定程度上限制工作进展。

第四节　慕课、微课、翻转课堂的教学设计与应用

一、慕课教学设计与运用

（一）慕课教学的理论依据

1. 建构主义理论

建构主义理论于21世纪成为一种主导的教育理论倾向，其主张知识的获得是学习个体与外部环境相互作用的结果，面对新事物，学习者在自身经验背景的基础上，进行有意义的主动建构，从而形成自己新的知识和经验。

建构主义理论强调，学习者通过与其他人的交互来实现自己对于知识的建构过程，学习者和助学者（教师、学生）与情景的交互作用过程的动态性，将具有不同文化、历史背景的学习者纳入社会交互活动中来，呈现一种多元化的社会活动状态。因此，个体学习者的个人情感和个人需求应得到教师的重视。

建构主义理论的核心是以学生为中心，强调学习者主动学习、建构和发现知识。同时应当为学生创造良好的学习环境，帮助学生完成建构。此外，教师是帮助者、促进者。学生不仅是信息加工主体，还是知识意义的主动建构者。学生在学习过程中要主动搜集相关资料，将新内容与自己已有知识联系起来，运用探索获知积极主动建构知识的意义。

慕课中学习者可以利用各种工具，随时学习，促进知识建构。慕课创建了一个学生学习社区，将所有优质资源集中在云端。学习者能够选择微博、论坛、社交网站等各种个性化工具，进行讨论和交流。学习者在这样的环境中成为学习的主动参与者，能够积极主动地学

习，促进知识的意义建构，这些都渗透着建构主义学习理论的思想。

2. 情境认知理论

人类的社会活动是复杂多样的，个体拥有着不同的社会属性（社会、历史、文化和认知等因素），在参与各项社会活动时进入相应的环境中以直接互动与反馈的方式感知自己。由此可见，情境是人类进行一切认知活动的基础。在情境认知理论中，学习活动就是学习者参与到这个同他人和情境环境的相互影响、相互作用的认知实践过程中。情境认知过程在活动中主要表现为三个方面：

（1）情境性：该理论强调情境的重要性，在学习认知活动中，往往根据需要去设定相关情境的线索，指引学习者进行有效的学习。

（2）主动性：在基于情境的学习环境中，学习者不应只是被动地观察学习过程，而要参与到与教师、同伴的交流互动中去建构知识产生的真实情境。

（3）探究性：在情境交互认知过程中，辅助者应该让学习者投入真实的情景中去探究，而不是直接给出解决方案，探究性的提升将有利于专业思维能力的培养。

3. 协作学习理论

众所周知，人类社会是一个紧密协作的群体，协作性融入人的生活方式和劳动方式中。协作学习是指学生为在知识技能的学习过程中，完成共同的学习目标，而通过协作的方式共同进取的一切相关活动。

协作学习一般是由教师来分配学习任务和控制教学过程，对于在课堂中进行的协作学习，教师的地位和作用是很重要的。但在慕课的学习过程中，专家、教师及学员之间可能身处异地，各自之间的交流互动都依靠网络。在这种突破时空界限的教学模式中，教学设计往往要渗透协作的理念，使学员们能够体会到亲近感和归属感，这样有助于教学效果的提升。

（二）慕课教学设计的原则

1. 汇聚或混合学习资源

汇聚或混合学习资源旨在为分布于互联网各处的海量学习资源提供一个集合点，并将这些学习资源或信息通过网页等形式提供给课程的学习者，形成结构化的或非结构化的课程内容。

2. 促进社会化互动

社会化互动是慕课与传统网络课程的主要差异之一。xMOOCs 中的在线讨论区就是供学习者在线深度交流和分享的区域。

3. 提供自主学习支持

慕课中的自主学习根据理论基础不同可以分为以认知行为主义为基础的自主学习，以建构主义为基础的自主学习，和以关联主义为基础的自主学习。基于认知行为主义理论（存在于 xMOOCs）的自主学习，可以依据程序教学法的“积极反应”“小步子”“即时反馈”“自定步调”原则进行设计，如将每个知识点以简短的视频方式呈现，同时视频中穿插各种测验和习题，并进行及时反馈。基于建构主义理论（存在于 tMOOCs）的自主学习则应着重于情境或任务的设置，促进学习者的知识建构。基于关联主义（存在于 cMOOCs）的自主学习需要提供给学习者相应的讨论主题、推送辅助学习材料和知识人际网络，以供其更好地为进行社会化交互做好准备。

4. 设置多元的个性化的评价方式

传统的教学评价维度多为成绩本身，而慕课的学习发生在教师和学习者时空分离的网络环境中，因此，学习评价应更加灵活和多元。例如，增加参与度、满意度、情感体验度等指标，从而使学习者能够持续使用慕课进而享受到慕课带来的益处。

（三）慕课设计应用的具体策略

1. 系统化设计策略

以系统论分析，课程是一个包含诸多教学要素的复杂系统，又是社会及教育大系统中的子系统。

慕课的设计涉及教师、学习者、制作方、平台方、高等教育机构等多个群体，需要综合考虑前期分析、学习内容、学习交互、学习支持、学习评价等多个部分不同要素的各种问题。每一门慕课都是在线教育资源的一个部分，以此为平台会接触到多个国家和地区不同文化背景、受过各类教育、拥有不同学习风格的人群。因此以系统化的思维来看待慕课的整个设计过程十分必要。

系统化设计策略作为慕课设计的一个指导性的策略，对慕课的设计、开发和管理起引导作用，有助于慕课设计者立足全局。

2. 个性化学习策略

基于网络的个性化学习是根据学生的不同特征因材施教，通过网络给出不同学习环境、学习方式、学习内容的选择，为每个学生提供最佳的教学支持，让学生自由选择学习内容、制订学习计划、自由安排学习时间和地点，从而自我获取知识，更新知识。

个性化学习是慕课的主要特征之一，也是对慕课设计的重点要求。由于慕课的大规模性的特点，学习者的特征也十分多元：年龄、性别、认知成熟度、学习动机、个人对学习的期望、工作经历、生活经验、经济、文化和社会背景等一般学习者特征差别较大；学习者在学习特定学科内容时已经具备的有关知识与技能的基础，以及对有关学习内容的认识和态度也各不相同。

定好学习目标和针对的主要学习群体之后，需要关注学习者的个体差异和不同的学习需求。慕课中学习可以发生在任何时间、任何地点，因此慕课既会向学习者定期发送继续参与课程的提醒，也提供较长的开放时间和进程显示，便于学习者自行把握学习进度；在学习内容、学习活动、学习评价的选择上，提供多种知识内容的呈现方式与主要内容简介，学习者可以根据学习需求自主选择学习内容和形式，并由个人来决定参与的深度和广度；既鼓励学习者相互交流，促进协作性学习的产生，也尊重选择自主学习的学习者；提供同伴互评、测试、问卷等多种评价方式。

3. 交互性策略

慕课学习过程中，强调学习者和内容的交互是学习发生的基础，学习者和学习者的交互是学习发生的关键，学习者与教师的交互是学习发生的保障。由于时空分隔带来的局限，交互作为在线学习的一个必不可少的部分，发挥着重要作用：一方面，学生通过交互活动得到学习信息，进行个体的知识建构；另一方面，无论是在促进教学的发生还是在促进学习者之间的情感交流，甚至在促进各种协作学习的目标的实现中，远程学习者之间以及学习者和教师之间的社会性交互都对学习者的社会性发展起着重要作用。

为了减少学习者的“孤独感”，需要提高课程的互动性，增强学习者与学习内容、其他学习者、教师或助教之间的互动，提升慕课环境中学习者的学习体验。

学习交互主要分为学习者与学习资源的交互、学习者与学习者之间的交互，以及学习者与教师的交互。

学习者与学习资源的交互主要是在设计慕课学习资源环节体现，如对不同学习资源的选择、组织和安排。学习资源在基于学习者的特征的基础上，减轻学习者的认知负担，应该增强在线环境中资源的丰富性，注重内容的互动性，努力激发学习者的参与和反思。

促进学习者与学习者的交互，一方面需要平台提供具体的实施场地，让学习者可以克服时空局限，相互交流；另一方面是课程设计者需要有引导性地提供讨论的主题和方向，让学习者可以在有明确目的的前提下互相沟通，相互促进。

学习者与教师的交互，一方面体现在教师在所提供的视频、文字等材料中注重与学习者的交流，包括视频中的教师出镜时的视线、手势、语气，文字内容中的总结与提问等；另一方面是在课程的实施过程中，教师能够及时地对学习者的提问予以解答，对学习者的作业等提供反馈。

4. 内容组织性策略

内容的有组织性主要体现在慕课的内容选择、组织和呈现上，要减轻内在认知负荷，控制外在认知负荷，及提升相关认知负荷。

控制内在认知负荷，一是在慕课的内容设计中注意提供先行组织者，引导学习者从加入课程开始到每一个学习周的学习，都能借助与课程知识相关的讨论、材料或其他信息，了解将要学习到的内容的相关背景；二是基于真实的情境的问题解决，这有助于学习者将学习内容与自身已有的知识、经验建立联系，促进知识的建构；三是根据知识组块的规律，模块化地组织学习内容，单元内的内容尽量简化，将原有的传统课堂合理地分割并根据慕课的需求进行再组合，帮助学习者更好地进行知识建构。在线环境中存在各种会对学习者学习效果产生影响的因素，在线学习尤其是移动学习中，过于复杂的内容会让学习者产生理解上的障碍，因此要注意在符合教学目标的前提下，保证内容的简化，避免给学习者带来过大的学习负担。

降低外在认知负荷，一是在学习内容的组织上，不同类型的课程中各单元的关系主要为：各单元相互独立、一个单元构成另一个单元的基础、各单元之间呈综合性关系。根据不同的联系关系，按照时间、难度、整体局部等逻辑关系进行排序。二是学习资源和活动的设计方面，注意总体学习资源的多样性原则，既促进学习者的积极参与，也为不同学习风格和倾向的学习者提供个性化选择的空间。再者阅读的频率可以适当减低，更多地以视频、图片等视觉符号方式呈现信息，降低学习者信息处理的难度。三是排除设计上无意义信息的干扰，尽量简洁、清晰，突出教学中期待学生掌握的重点内容。

提升认识负荷方面的相关认知，一是在讲授特定知识时，提供不同的样例。多样化的问题状态和情境，有利于促进知识的迁移。二是注重知识的归纳和总结，促进知识的建构。

5. 知识可视化策略

知识可视化是应用视觉表征手段，促进群体知识的传播和创新，以及知识的重构、记忆和应用。慕课中的知识可视化策略，主要包括知识内容的可视化和学习进程的可视化。

知识内容的可视化是指以图形、视频、表格、排列组合等较为直观的形式呈现预期传达给学习者的内容，同时不同的视频、图形也会对学习效果产生一定的影响。因此慕课中的视频，建议在难点和重点内容部分出现关键的文字信息。文本信息中建议穿插图片、表格等，或是使用不同的字体大小、颜色，强调结构和重点。

知识内容的可视化将帮助学习者在参与慕课学习时更好地理解、掌握相关知识。

学习进程可视化，就是将学习过程中的知识结构、学习进度、内容层次关系等以可视化方式予以呈现，将学习者参与学习的每一个知识节点的学习时间、作业完成情况、互动情况、学习效果等学习进程信息，以及通过数据处理的各知识结构层级学习进程指标，也进行可视化设计与呈现。这样有助于学习者在学习过程中直观把握自身的学习进度，更好地进行自主学习。

6. 基于数据的动态化调整策略

基于“大数据”的技术是体现慕课本质特征的关键要素之一。这些记录个体行为的数据表面上看好像杂乱无章，但当数据累积到一定程度时，群体的某种行为规律和某个时间段内的个体行为规律就会在这些数据的基础上呈现出来。

基于数据的动态化策略主要是指根据慕课的实施情况和问题总结出的数据信息，对慕课进行持续的改进和优化。这些数据通常包括慕课的课程参与人数、学习步骤参与度、学习者特征和课后成绩和反馈情况。

课程参与人数不仅指人数的多少，还有人数的变化情况，加入课程的人数中又包含参与学习者、重复学习者、社交学习者、充分参与学习者等人数的数量和变化情况。通过了解课程参与人数的情况，可以看到学习者加入和参与的行为规律，并且根据规律的变化情况，探究导致变化产生的特定原因。

学习步骤参与度主要包括学习者完成学习步骤、浏览学习步骤、学习步骤中的点赞或评论量、用时情况等。对参与度的分析和对比，能够帮助观察学习者在慕课中的学习行为。

学习者特征有助于了解学习者的基本情况，为前面的学习行为的产生提供一定的分析依据，也为下一轮或下一门慕课的开展提供了部分所需的学习者分析数据。

课后成绩和反馈情况是了解学习者对所学内容的掌握情况、满意度和对课程总体评价的重要途径，为课程的进一步改进提供了可能。另外，结合课前课后问卷的回答，通过对比分析，可以更为准确地了解慕课学习后学习者在相关知识、能力、态度等方面的变化。

随着慕课平台的逐步完善和技术的升级，慕课数据的深度和广度在不断增强，包括具体学习视频的停留时间、学习测试的错误频率等。这些数据对于慕课的动态化完善和优化提供了更好的依据。

二、微课教学设计与运用

（一）微课教学的理论依据

1. 建构主义理论

建构主义理论的基本观点是学习者在与周围环境相互作用的过程中，逐步建构起关于外部世界的知识，从而使自身的认知结构得到发展。情境、协作、会话、有意义建构是理想的建构主义学习环境。微课是运用建构主义方法制作的，以在线学习、移动学习为目的的教学资源，因此又称为“知识脉冲”。核心理念是让学生通过在线学习或根据所提供的资源和活动建构自己的知识体系，以产生一种“更加聚焦的学习体验”。

2. 联通主义理论

联通主义理论认为，学习不再是一个人的活动，而是连接专门节点和信息源的过程。这种连接能够使个体学到比现有知识体系更多、更重要的东西。确切地说，联通主义表达了一种“关系中学”和“分布式认知”的观念，它强烈关注外部知识源的联结，而不仅仅是设法去解释知识如何在个体头脑中形成。微课以在线视频的形式呈现，可整合于正式的现实课堂学习之中，也可整合于非正式的学习环境之中，通过移动终端观看。因此联通主义理论对微课的应用具有重要的指导意义，基于网络和移动终端进行学习能更好地促进学习者知识的建构和创新。

3. 掌握学习理论

布卢姆的掌握学习理论指的是只要恰当地注意教学的主要变量，为学生提供所需的个性化帮助及必要的学习时间，学生对几乎所有的内容可以达到掌握水平（90%以上）。这也是该学习理论的独到之处，它是对学生的认知水平、情感准备状态、教学质量这三个变量的分析。微课以阐释某一知识点为目标，以短小精悍的在线视频为表现形式，使学习过程成为基于问题的学习、基于案例的学习和基于情境的学习，从而使学生获得有效的学习支持，提高知识的掌握程度。

4. 细化理论

细化理论的最早提出者是瑞奇鲁斯。细化理论根源于奥苏贝尔的顺应和先行组织者理论、诺曼的网状学习理论以及布鲁纳的螺旋式课程。该理论认为最初呈现的一般概念或简化结构就相当于ET中的概要，而周期性地使概念逐步达到更复杂的形式则相当于ET的不同细化等级。在细化理论指导下，微课将复杂的知识内容和教学过程分解，使知识难点得到分解，使教学过程变得便捷。

（二）微课教学设计的原则

微课的教学设计主要遵循微型化、以学习者为中心、实效性、易懂的原则。

1. 微型化

在知识爆炸的时代，信息资源的无限量与注意力的有限性之间存在矛盾，因此微博、微信、微课等微型化的资源受到热捧。微课就是微型课，课程时间短，通常仅为 5 至 8 分钟，最多不超过 15 分钟。微课要有效利用学习者的碎片化时间，精心设计内容明确、短小精悍的教学视频，以减少学习者的认知负荷，维持学习者的注意力，提高学习者的学习效率。当然，在坚持微型化原则的同时，要注意微课的系统化设计，以保障微视频结构的相对完整性。

2. 以学习者为中心原则

微课是为学习者服务的，往往以学习者的最终学习体验为评定标准衡量课程效果。在课程设计过程中，课程内容的选择、学习活动和各项资源的组织都要围绕学习者这个中心进行：在课程内容选择方面，应先了解学习者的学习需求，明确他们要的是什么；在学习活动和学习资源的组织上，要充分体现学习者的主体地位，调动学习者的学习主动性，激发学习者的学习兴趣。

3. 实效性原则

微课是为广大的学习者提供帮助的。在教学设计之前，一定要充分了解学习者真正需要的是什么，思考本微课是否能够帮助他们顺利解决在日常生活中碰到的现实问题。微课内容的选择要来自真实的生活情景或存在的现实问题，让学习者意识到这节微课是与大家的生活息息相关的，以真实情境引发要讨论的问题，不仅能够激发学习者的学习兴趣，还能保持学习者的学习动机。

4. 易懂性原则

易懂原则是指在微课教学设计时要把抽象的问题形象化，复杂的问题简单化。具体来讲就是教学媒体的选择要恰当，要选择最适合的表现形式。从戴尔的“经验之塔”可以看出，各种教学媒体所体现的学习经验层次是不同的，有的属于具体的经验，有的属于替代的经验、间接的经验，有的则属于抽象的经验。因而，不同的教学内容应选择不同的教学媒体来体现。或者说，不同的教学媒体适合表现不同的教学内容。

（三）微课教学设计的流程

1. 教学设计的系统模式

教学设计的系统模型可在微课中应用，但应结合教育的特点以及人们对教学设计过程模式的理解与认识，形成微课的教学设计模型。

2. 微课教学设计的模型构成

第一是分析阶段。

（1）学习需要分析。教学系统同其他系统一样，都有一定的目标，确定教学目标的依据之一就是对教学系统环境的分析。这是系统理论中的一条重要原则——教学系统的目标应根据更大的教育系统的环境要求来确定，这是进行教学设计的逻辑起点。具体到职业教育，教学目标需要根据受训者所准备从事的职业及其岗位的具体要求来确定。由此可以看出，在制订教学目标之前，必须分析教学系统的环境。分析教学系统的环境，就是分析学习需要。只有在客观地分析了学习需要的基础上，才能提出并确定教学设计课题的目标。同时，还有许多其他问题需要考虑。例如，开展教学设计需要哪些条件？有哪些不利因素？哪些因素必须考虑进去？哪些因素可以从轻考虑？等等。总之，在学习需要分析中，必须解决教师“为何教”，学习者“为何学”的问题。

（2）学习内容分析。根据教育目标的指引，各级不同的学校有不同的培养目标，不同课程要确定不同的教学目标。根据课程目标，确定课程标准，选择教材。在此基础上，依据课程的整体目标，确定单元目标，在确定目标的过程中，要着重分析学习者需要学习哪些知识和技能（知识点与技能点），达到什么程度和水平，以及培养何种能力和态度，使其身心获得怎样的发展。学习内容的分析与学习者的分析密切相关，不仅要考虑教师如何教授这些内容，更要考虑学习者怎样学习这些内容。总之，在学习内容的分析中，必须解决教师“教什么”，学习者“学什么”的问题。

（3）对学习者的分析。奥苏伯尔和加涅等心理学家的研究表明，学习者已具备的知识和技能，以及对学习目标的了解和掌握的程度，是教学工作成功的关键。这就告诉大家，要顺利完成教学设计，必须分析学习者进入学习过程前的一般特征，必须确定学习者的初始状态，必须注意学习者认知结构的特点，必须了解学习者的学习准备状况。因此，要分析学习者的生理、心理特点，进行某项学习时的知识和技能的储备状态，并据此进行教学设计。

第二是设计阶段。

（1）教学目标的设计。在分析学习需要、学习内容和学习者的基础上，需要根据分析结果对教学目标进行设计和编写。教学系统方法和现代教学理论强调：教学目标应该预先确定；教学目标应该说明学习结果，并以具体的、明确的术语加以表述；在教学活动前，必须把教学目标明确地告知学习者，使师生双方都明确教学目标，做到心中有数，使教学、学习活动有的放矢。例如马杰提出，应以学习者期望学习后所达到的行为改变的具体指标来确定教学目标，而泰勒早在20世纪30年代就有类似的思想。不管从什么角度确定教学目标，它都应是明确、具体的。明确具体的教学目标有利于教学策略的制定和教学媒体的选择，同时也为教学评价提供了依据。

（2）将教学策略的设计付诸教学。教学目标确定后，就要进行教学策略的设计。教学策略是教学实施过程中的教学思想、方法模式、技术手段，是教学思维对这三方面进行思维策略加工后形成的方法模式。教学策略是为实现某一教学目标而制定的、教学过程实施的整体方案，它包括合理地组织教学过程，选择具体的教学方法和材料，制定教师与学生所遵守的教学行为程序。教学策略是实现教学目标的重要手段，是教学设计研究的重点。教学策略主要研究课程的类型与结构、教学的顺序与节奏、教学的活动、教学的方法、教学的形式、教学的时空安排、教学活动失效对策等问题。教学策略的设计需要考虑诸多因素，必须创造性地开展教学设计工作，灵活地安排教学活动，巧妙地设计各个环节，合理地安排各种因素，形成一个优化的结构，以发挥整体功能，求得最大的效益。

（3）教学媒体的设计。过去，教学媒体主要是黑板与粉笔，现代科技的突飞猛进为教育提供了越来越多的选择。在选择教学媒体时，我们可以按照教学目标、教学内容、教学对象及教学条件进行选择。除此之外，我们还要遵循最优决策、有效信息及优化组合的原则。不过，无论是选择教学媒体，还是设计教学媒体，都要根据教学的实际需要和具体要求展开。只有这样，才能更好地将教学内容与方法转换为印刷或视听等具体详细、具有可操作性的实施方案，才能把学习内容充分展示给学习者，使学习者花费最少的时间，投入最少的精力，用最简捷的方式，获得最大的学习效果。

（4）微课教学过程的设计。经过上述阶段后，教学设计者即可着手设计教学过程，即用流程图的形式，简洁地描述教学过程，简明扼要地表达各要素之间的相互关系，给教师提供一个可供参考的教学流程。教学设计专家完成的一般是教学过程的理论模型，实际完成具体教学设计任务的是教师。所以，一般情况下，微课的教学设计可以采用思维导图的方式来实现。思维导图又叫心智图，是表达发散性思维的有效的图形工具，它简单却又极其有效，是一种革命性的思维工具。

第三是评价阶段，主要指对教学设计的评价。

经过以上环节，可得到教学设计的初步产品，即教学设计的实施方案。方案能否带来理想的教学效果？学习需要、学习内容和学习者的分析是否准确、到位？教学目标是否明确、具体？教学策略是否合理、科学？教学媒体的选择与设计是否经济、有效？要回答这些问题，必须对教学设计进行评价。

对教学设计进行评价主要采用形成性评价，也就是在教学设计成果推广使用之前，先在一定范围内试用，以了解教学设计的可行性、有效性、实用性等。其中，教学目标的达成度是教学设计评价的主要方面。如果没有达到预期的教学目标，则要修改教学设计实施方案，然后再试用，再修改，直到满意为止。

3. 微课的教学顺序

微课的教学顺序在整个教学设计中是非常重要的。由于微课具有短小精悍的特点，所以在有限的时间里讲什么内容是非常重要的，因此应充分考虑如何引入讲授内容，如何吸引学习者的注意力，知识如何展开，如何深入与拓展，如何指导，如何结尾等。通常来讲，微课的通用教学顺序为：引起注意，明确目标，知识讲授，教学指导，教学小结。

三、翻转课堂的设计与运用

（一）翻转课堂的理论依据

1. 掌握学习理论

翻转课堂的最大优势之一，是在知识传授阶段，利用教学视频，学生能根据自身情况来安排和控制自己的学习。因此，翻转课堂的两位创始人伯尔曼和萨姆斯认为，翻转课堂的理论依据是掌握学习理论。

掌握学习理论是美国当代著名的教育心理学家和课程论专家布卢姆提出的，被介绍到世界各国后，成功运用到了教育教学实践中，因而产生了广泛影响。所谓掌握学习，就是在所有学生都能学好的思想指导下，为学生提供所需的个别化帮助以及额外学习时间，从而使大多数学生达到课程目标所规定的掌握标准。

2. 建构主义学习理论

掌握学习理论解释了在知识接纳阶段学生是如何掌控学习节奏

的，但知识的接纳和记忆仅仅是翻转学习的初级阶段，还有一个更重要、更高级的阶段是学生对知识意义的建构。因此，掌握学习理论并不能解释翻转课堂教学的全过程和所有方面，构建主义理论自然进入了研究视野。

当代建构主义者主张，世界是客观存在的，但是对于世界的理解和赋予的意义却是由每个人自己决定的。我们是以自己的经验为基础来建构现实，或者至少说是在解释现实。我们的经验世界是用自己的头脑创建的，由于我们的经验及对经验的信念不同，我们对外部世界的理解也是迥异的。所以，学习不是由教师把知识简单地传递给学生，而是由学生自己建构知识的过程。学生不是简单被动地接收信息，而是主动地建构知识的意义，这种建构是无法由他人代替的。

3. 自组织学习理论

翻转课堂得以展开的一个重要的理论假设和前提是承认学生可能不依靠教师的灌输，而是依靠计算机技术和网络技术的支持，通过自我教育和互助教育，学习任何东西。这个理论假设就是自组织学习理论。

自组织学习理论是印度教育家苏加特·米特拉通过著名的“墙中洞”教育实验而总结得到的教育和学习理论。苏加特·米特拉在印度山区的偏远小村，放置“墙上的电脑”并装上摄像头对孩子的学习行为进行监控，发现学生的“学习是一种自组织行为”，借助计算机和网络技术的支持，任何学生可以教会自己和同伴任何知识和技能；机器和技术不仅能替代教师的部分作用，而且在某些方面会比教师做得更好；学习的最大乐趣和动力是可以教会其他人学习。这一发现进一步推进了建构主义的学习理论和实践。

（二）翻转课堂设计的核心元素

1. 翻转课堂的学习活动

课堂的学习活动是翻转课堂设计的核心部分；翻转课堂的有效实

施需要建立在设计良好的学习活动的基础之上。

在翻转课堂的教学过程中，新知识的学习已经在课前完成，取消了传统课堂教学中的教师讲授新知识的模块，给师生留下了更多的课堂时间。利用好课堂时间组织教学活动，促进知识掌握，是翻转课堂成功的关键。目前，国内对翻转课堂的认识大多集中在如何制作教学视频上，但实际上比视频更为重要的是课堂活动的组织。

翻转课堂教学活动包括小组学习活动、全班交流活动和个人学习活动，但以小组学习活动为主。

翻转课堂教学活动涵盖了解答学生疑问、解决重点难点、课堂讨论、探究实验和练习巩固等多个方面，教师需要根据学科特点和学生实际情况精心设计课堂活动。翻转课堂需要良好的互动和有意义的深度学习。翻转课堂的设计对教师的教学能力和综合素质有较高要求，教师需要在课堂中敏锐地发现多数学生存在的困惑并及时解决。纵观目前的翻转课堂，由于形式过于单一，甚至不少学校的课堂时间全部用来做练习测试，学生慢慢失去了兴趣。

在正式上课前，教师应当确保学生已经观看了教学视频并完成了单元检测，要求学生在课前完成基础性的测试题目，以便于学生自己及教师发现问题，了解实际学习效果。在课堂上，教师通过设计有意义的任务和具有挑战性的问题，激发学生思考，推动学生进行互助交流。对于一些自控能力较差，或是自己学习有困难的学生来说，学习小组可以起到监督和带动的作用，帮助学生打破在课外学习的孤立感，进一步增强学习效果。翻转课堂教学设计的核心，是教师要对学生的疑问进行整理，对其中具有代表性的问题，应放在课堂上集中讨论解决；对于个别学习进程相对滞后，或是学习积极性不高的学生所存在的问题，可以在课前单独给予指导。

2. 翻转课堂的学习资源

翻转课堂的有效实施需要丰富优质的学习资源来支持，这些学习资源可以是微课视频、电子课件、互动电子教材、学习网站、在线课程、文本教材和练习题等，其中微课视频是最常用、最重要的学习资源，内容以知识点为单位，聚焦新知识的讲解。

从视频的形式上看，想要在10分钟以内牢牢抓住学生眼球，需要教师在录制视频时充分考虑成片的视觉效果，灵活采用画面、声音等多种表现手法。此外，字幕的配合也很重要，字幕是画面、声音的延伸和补充，能够弥补授课者口音的缺陷，更清晰准确地传达视频的信息。从视频内容上看，教师需要注意的是视频应当有益于学生在课前进行探究式学习，应当是那些足以引发学生兴趣、讨论、质疑的材料。如果视频只是单纯地录制教师讲授的内容，实质上还是没有打破学生被动接受学习的模式，只不过将听课的地点由课堂移到了课外，终究是回到传统教学的老路上了。

除了传授知识所需用到的教学视频，教师还应当着手建立扩展资料库，为学生提供扩展学习的资料，这些资料包括其他开放学习平台提供的视频、文字阅读资料、习题库等。扩展学习有助于学生进一步了解所学内容的背景知识及与其他知识的联系，不仅帮助学生更好地理解和掌握教学大纲中的知识点，而且进一步培养了学生自主学习的能力。

翻转课堂学习资源主要用于支持学生课前的自主学习。为了取得更好的自主学习效果，除了为学生提供视频资源外，还需要配套提供教师精心设计的自主学习任务单。学生依据学习任务单的要求，观看视频，完成知识学习。学生只有在课前完成对学习资源的学习，获得了知识内容并发现学习过程中存在的疑难和困惑问题，带着问题参与课堂的讨论活动，才能达到知识内化和创新的目的。

3. 翻转课堂的学习环境

翻转课堂需要有网络学习平台和学生学习终端组成的网络学习环境的支持。网络学习平台主要提供教师个性化推送、学生自主性选择学习资源、学生学习、在线测试数据收集和分析、师生和生生互动交流信息等功能，这是实施翻转课堂教学最基础的环境要求。学习终端主要是支持学生的微视频学习、在线测试和网络交流等功能。

4. 翻转课堂的学习分析

在翻转课堂实施过程中，教师需要利用学习分析技术，对学生之前在线学习产生的大量学习数据进行解释和分析，有效分析判断学生的学习问题，评价学生的学习进展，甚至评价学生的批判性思维、协作交流能力和问题解决能力等，以帮助自己设计和调整教学内容和教学过程。例如，在微课学习过程中，教师发现某个环节或知识点被学生反复点击的时候，要意识到这可能是一个对学生来说难以掌握的知识点，或者自己的讲解有问题，需要据此调整教学，重新录制视频。

在学习分析时要重视学习内容的分析。严格来说，学习内容分析是翻转课堂设计的起点。学习内容分析的切入点是分析和研究教材，从根本上挖掘课程的本质，领会教材编写者的意图，自主构建学科知识体系。

学习内容分析时不妨按照下列步骤开展：首先，分析学习内容与其他内容的关系；其次，确定学习内容的范围及深度；再次，确定学习内容的目标类型及层次；最后，编排学习内容的顺序。

第四章　高校数字化校园建设

第一节 数字化校园建设模式的利弊分析

当今，数字校园建设越来越受到重视，不少高等院校专门成立了信息化建设领导小组，以统筹规划数字校园的各项建设工作。但由于各校管理模式、经费、技术条件、工作流程不同，遇到的问题也有很大差异，各院校一定要选择最适合自己的建设模式。数字校园的建设模式归纳起来主要有四种：自主开发模式、外包模式（供应商提供模式）、合作开发模式、租赁模式。

一、数字校园的四类建设模式

（一）自主开发模式

这种建设模式通常由学校的 IT 主管部门（如网络中心或信息中心）负责。根据需求调研分析，合理规划整体的建设方案，依据方案完善网络基础设施、开发各类应用软件及信息服务平台，最后整合院校的各类数据库及信息资源。

（二）外包模式

也就是通常所说的供应商提供模式。学校投入相应的资金，提出建设目标及实施要求，之后由提供专业服务的系统集成商全面实施。他们深入院校调查分析，提供一揽子规划方案，并负责建设数字化校园的所有子项目，包括网络基础设施、各类应用管理系统、数据库、信息资源的收集整合等，项目完成后由校方整体验收，在合同规定的时间内集成商提供各类培训、技术支持等工作。

（三）合作开发模式

由于数字校园基础条件不一，需要企业提供的合作范围、合作深度、合作方式也不尽相同。该模式下，院校先做好整体规划，根据现状提出建设需求，之后选择一家具有丰富经验的企业实施项目。与前者不同的是，这种模式下学校是整体方案设计商，企业只是根据需求提供某一部分的服务：可以是网络基础设施建设，可以是所有应用软件的开发，甚至可能是某一个管理应用软件开发。这种模式对某一家企业的依赖程度较小，操作灵活。

（四）租赁模式

即 ASP（Application Service Provider，应用服务提供商，是指通过互联网为商业或个人提供配置、租赁和管理应用解决方案服务的专业化服务公司）模式。学校每年交付租金，由应用服务提供商出租各类软硬件，并负责系统的维护升级工作；若不需要服务，可随时终止付费。几年前，一些建设经费有限的院校采用这种方式。

二、四种建设模式的优缺点比较

（一）自主开发模式的优缺点

该模式的优点是：能充分挖掘利用现有的软、硬件基础，升级改造及维护工作相对容易；院校能够锻炼和培养一批优秀的信息化人才；研发过程中不断和职能部门沟通，编制的软件能够更好地服务于日常教学及管理工作。

该模式的缺点在于，数字校园是一个复杂的系统工程，技术门槛过高，实现起来难度很大。建设过程往往会“重硬轻软”：注重硬件设备的购置，忽视软件的开发应用；重视技术实现与功能，但网络服务跟不上，导致软、硬件资源不能得到有效应用。项目实施周期长；

由于项目涉及学校多个部门，加上认识不统一，配合程度不同，经费、建设经验不一等因素，需要分阶段对项目进行规划实施；项目之初不能预见所有问题，而执行过程中旧问题的解决又会带来新问题，最终导致建设周期拉长，甚至项目半途而废。

（二）外包模式的优缺点

该模式显著优点在于，第一，项目周期短。“术业有专攻”，专业数字化校园供应商的技术实力强，他们一般都有多个院校的运营经验，大多能在合同规定的时间内交付项目。第二，售后服务有保障。企业提供的是整体化解决方案，有严格的质量保证体系，在售后服务、问题响应、培训等方面都相对规范。第三，技术先进。企业提供的解决方案能够适时追随最新的 IT 动向，并配套学校教学及管理部门的需求，由最专业的 IT 人员在极短时间内更新软硬件平台，所以，项目质量及升级都有保障。

缺点在于，第一，资源建设缺失。人们经常把信息化建设比喻成“修路、造车、运货”，“路”即快速安全的网络环境，“车”指便捷实用的管理系统，“货”指资源及各类应用。如今，不少高等院校虽然加大了资金投入，但仍普遍存在“有路没车、有车缺货”的现象。资源建设问题越发突出，但数字资源开发并非幻灯片和书本搬家，课程内容更不是企业的研发人员能够企及的。优秀的研发人员不仅需要熟悉掌握开发工具，还要具备多媒体制作的技术，更需要懂得很多专业课程的教学要求、教学重点。这种开发人员目前在学校比较少，在教育软件公司也比较匮乏，一家供应商往往无法提供令人满意的数字资源。第二，建成的项目与应用脱节。企业以营利为目标，系统集成商要为一个院校提供定制化解决方案，需要少则十多个月、多则几年的时间，承接项目的集成商要完成几十个子项目。单就各部门的管理系统，一方面是要梳理业务流程，另一方面要梳理出部门间的业务关系，这需要企业和校方共同的努力。外包模式常常会遇到的问题是：

企业不太理解学校的实际情况，虽然系统的技术及功能比较完善，却不能契合学校教学与管理的实际需要，导致项目与应用脱节而被闲置。

（三）合作开发模式的优缺点

合作开发模式的优点：第一，集合了自主开发和外包模式的优点，既能避免建设与应用脱节，又能广泛吸取提供商的成功经验，充分调动教学、科研、管理、服务等部门进行全方位研发，满足学院总体规划的要求。第二，实施风险相对较小。学校可以根据自身的建设能力，将数字校园化分成若干个子项目，每一个子项目都可以选择一家最适合的合作伙伴，与多家企业展开不同范围、不同深度的合作，院校自身还可以参与到网络基础设施、系统开发与调研的具体工作中。和外包模式相比，该模式将“鸡蛋放到了多个篮子”，项目风险相对较小。

该模式的缺点在于，第一，沟通程度直接影响项目的最终成果。校企双方在合作时，必须做到深度协调、高度一致，否则可能对同一问题产生不同解读，甚至相反的观点，影响项目进展。第二，往往需要增加建设经费投入：其一，需要针对教学管理应用的特点，经常对解决方案进行修订；其二，各部门的业务流程也会发生变化；其三，根据摩尔定律，IT 产品及技术更新速度极快（如 Windows 操作系统的升级换代）。这几方面因素导致解决方案需要不断调整，建设经费及投入不断增加。

（四）租赁模式的优缺点

该模式适用于规模小、资金匮乏的学校。其优点在于：第一，省力省时，学校不必在这方面投入时间和精力；第二，投入经费少，院校只需按期交纳租金即可，自身不需要建设网络设施及各类应用系统，能够减少大笔投资。

该模式的缺点也非常明显。第一，信息化建设很难取得长足发展，因为所有服务都由企业提供，院校的信息化建设直接受服务提供商的制约，在数字校园建设大潮中只能被动接受服务，从长远来看，信息化缺乏“后劲”。第二，个性化不足。服务提供商的解决方案是服务于各个院校的，所以管理系统不可能为一个院校进行定制化开发，项目缺乏个性化的管理理念，建设与应用脱节的情况会更加明显。

第二节　数字化校园项目建设的问题及对策

如今，相当一部分高等院校加快了数字校园的建设步伐，通俗地说，数字校园就是基于校园网络的教学、科研、管理和服务的综合应用系统，是一项系统工程。

数字校园的内容可以形象地用“路、车、货、司机和交通规则”来比喻。“路”是指硬件，即网络环境；“车”指各职能部门的管理系统，如人事管理系统、教学管理系统等；“货”指各类数据和信息资源，如教职工数据、学生数据、教学资源、娱乐休闲资源等；“司机”指的是使用数字校园的人（教职工和学生）；“交通规则”即信息化的标准和规范。由此可见，数字校园主要是由网络基础、各类管理系统、资源库、人和标准规范五个方面构成。

一、数字校园遇到的三大问题

（一）遭遇业务部门这一“劲敌”

几年前谈及信息化价值，人们大多会说信息化离不开业务，而今，很多业务部门越来越意识到离不开信息化。遗憾的是，他们具备的信息化冲动和意识，非但没有让 IT 部门感到热血沸腾，反而给 IT 部门制造出更大的压力：业务部门自己招标采购 IT 解决方案，漠视

IT 部门的存在；直到项目上马一段时间，遇到机器需要修理、系统需要维护、数据需要共享时才认识到，这件事还是应该交给 IT 部门来处理。业务部门自弹自唱的怪圈，使 IT 部门稍感郁闷。

另一类令人担心的情况是，业务部门还持有一种“你开发，我使用”的观点，如“业务部门起主导作用，我们提需求，IT 部门来实现”“开发是 IT 部门的工作，我们只是使用系统，如果有问题就由他们来改”。有的业务部门缺乏学习新系统的主动性，系统一旦出现问题，业务部门和信息部门就相互指责。调查数据表明，业务部门对于 IT 部门的满意度较低，49% 的业务部门给 IT 部门的打分低于 70 分。业务部门和 IT 部门之间在很多方面还存在误解。

（二）信息资源拢不齐

网络环境是数字校园的基础，应用平台是关键，信息资源则是数字校园的核心。好比水库大坝建好了，发电设备也安装完毕，但水库里却没有足够的水，这样水库就发挥不了效益。信息资源可以分为两类：一类是人事、教学、资产等管理数据资源，一类是诸如网络课程、教学案例、VOD 视频素材、公共服务信息（如电话号码表、学院地图等）等教育及公共资源。

刚开始，数字校园的效果不可能立刻显现，此时让业务部门花大力气将相关数据进行整理，似乎就是添麻烦，可以想象，他们很难站到全校信息化发展的高度去鼎力支持；教学案例库等资源是教师花了不少心血整理、创作的，涉及费用、版权等问题，他们很难全部拿出来欣然分享；加上很多学校经费有限，又不可能一下子去购置大量的信息资源，因此，种种因素导致信息资源拢不齐。

（三）合作企业选不对

由于软件研发实力不够，高等院校的数字化校园大都是委托第三方公司实施。合作之前对企业千挑万选，合作之初对企业抱着极大期望和信心，但随着项目执行产生越来越多的不满：定制化程度不高、功能不能满足业务部门的需求、系统可操作性不强、界面不够美观、双方沟通不到位、项目不能按时交付、后期服务跟不上，等等。但企业也有满腹的苦水，认为是院校配合不到位，而自己是按要求完成了开发，甚至双方从紧密携手到对簿公堂也不鲜见。

二、几大问题的应对策略

（一）明晰职责，设身处地为业务部门着想

南京军区福州总医院 IT 部门主任陈金雄有一句名言：一个单位信息化做得好与不好，CIO（Chief Information Officer，首席信息官）要负主要责任。他的话似乎不近人情，但确实反映出一个道理：当遭遇来自业务部门不合作的“劲敌”时，CIO 必须要具备着眼大局、置之死地而后生的勇气和决断。

目前，越来越多的高等院校意识到信息化的重要性，数字校园主要由校领导（或外力）推动，业务部门的需求被不断拉动，但要实现业务部门完全从被动到主动转变，尚有一段路要走。在推动业务部门工作的过程中，有几点要注意。

1. 要组建有业务部门负责人参与的项目团队

校方要建立一个强有力的项目团队，它代表校方与公司打交道，负责数字校园的整体规划，建设目标、建设内容的确定，公司选择、系统组织、系统监控、系统验收、系统运维等工作，有较高的项目策划和组织的能力，并能推动项目的顺利开展，兼备建设者、协调者、监理者、验收者、运维者等多重角色。

在项目推动之初就组建混编的工作团队，并定期与各部门会晤，敦促业务部门从“被动”变“主动”，让他们有各种机会阐述业务战略、工作流程等基本架构；尊重并采纳业务部门提出的建设性提案，使其感受到自己同样是数字校园的主导者；引导他们不但能够提出本

部门的信息化愿景，还要对部门成员进行信息化教育，甚至关心全校信息化的发展。

2. 不能让业务部门验证“半成品”

针对人事、教务等单个业务系统的验收，首先是IT部门的数字校园建设团队进行验收，主要侧重于技术、操作习惯、界面美观度、稳定性等。当他们认为没问题时再提交业务部门验收，因为需求是由业务部门提出的，功能是否满足、效果是否明显应由他们决定，之后可以进入试运行阶段。由于系统最终是面向师生、服务师生的，整体项目的验收时要让师生参与进来，测试系统的流程是否合理、数据是否全面、信息孤岛能否被打破。专家的鉴定结果可作参考，因为系统只要满足师生和学校的需要，就是好系统。

IT部门要设身处地为业务部门着想，分清哪些是他们真正面临的困难，哪些是人为设置的障碍，并想办法协助解决。如软件的可操作性、功能完备性等，在产品实施的每个阶段，IT部门要先反复试用，如果觉得不够完善，就要提前反馈给企业改进，不能把过不了自己这道关的“半成品”推给业务部门试用。否则，反复几次业务部门就会渐渐产生抵触情绪。

3. 要与业务部门明确职责

从项目的总体规划、顶层设计、提出需求、可行性分析，到后期的应用推广、运维服务等每一步，都要区分信息部门和业务部门的作用。在每一步，尽可能拿出形成了文字的实施方案，并让双方领导和信息员确认签字。也就是说，一方面充分引导、尊重业务部门的需求；另一方面，要尽可能让各业务部门对自己的行为负责，避免朝令夕改，令IT部门无所适从。

（二）多项措施促进信息资源的共建共享

1. 管理类数据

为打破信息孤岛，数字校园要搭建公共数据库平台，将基于信息标准建立的教学、科研、教职工、学生、资产与设备等管理类数据都放在平台上，供各业务部门使用，并为领导的管理和决策提供依据。此项工作需要以下措施保障。

首先，建立数字资源集成的体制和机制。大到信息化建设领导小组各成员的职责，小至各部门信息员的指定，数据更新的时间点、更新的方法、应注意的问题、责任追究等，建立一套长期、系统、完善的管理制度。中国人民大学信息中心主任顾涛曾说："抓而不实，等于不抓。"只有建章立制、细化职责，才有可能将数据的收集、整理、更新等各项工作落到实处。

其次，引导大家以开放的心态去看问题。随着教育教学改革、人事制度改革的不断深入，各类管理系统不断升级完善，集成各部门管理信息系统、共享全院校数据是大势所趋，要引导各部门与时俱进，以积极、开放、学习的心态去看待信息化建设；若不能立足长远，一味讲求本部门的利益，就会影响大局，最终也会伤及自身。

再次，数据"谁产生、谁维护、谁负责"，从管理和技术上保证统一数据库平台的权威性。数据库是学校各类管理信息系统整合和集成的关键。通过数据交换服务和共享服务，提供基于全校教学、科研、人事、学工、财务、资产、后勤服务、信息服务等综合的、全方位的权威的数据，并实现数据来源"谁生产、谁维护、谁负责"。在此数据基础上，提供从数据采集、整合、综合分析利用到系统化维护管理的一系列工具，提供数据综合查询、统计、分析、决策支持等应用。

最后，实现数据平台、数据接口、数据管理三方面的统一。统一数据平台为各类数据的访问、交换、使用提供统一的支撑环境；统一数据接口，实现各类应用系统之间以及与上级主管部门的系统数据的交换和共享；统一数据管理、数据安全控制和异地集中备份，决定了数据平台的专业性。

2. 教学及公共信息资源

原教育部有关领导曾指出：国家从未提倡过教育产业化；无论是政府还是院校，都不会将是否赢利作为评价和发展教育的一项指标。统一规划，合理配置信息资源，正在成为大势所趋。

至今，各院校信息资源的共建共享正在进行，各省市的资源共建共享刚刚起步，全国的信息共建共享尚处于摸索阶段。在信息资源的建设过程中，如何充分凝聚行业、企业、院校三方力量，共同创建市场最需要的知识、企业最需要的技术、院校最合理的知识体系，充分协调各方的利益、调动其积极性，这仍是一个亟待解决的课题。

（三）多方面考察合作企业的实力

在选择合作伙伴时，要从以下几个方面权衡。

第一，权衡其软件开发能力。数字化校园涉及多个业务部门的信息系统，因为各学校的流程不同，因此设计出来的程序自然不可能一样，属于完全的“定制化”开发。即便企业有许多现成的典型案例，“拿来就用”也是绝对行不通的，这就要求企业有极强的软件开发实力。如果时间允许，院校可以深入到企业曾经合作过的兄弟院校，了解其开发团队的结构配比、经验、资格、能力等，做到知己知彼、心中有数。

第二，本地化的服务能力。企业品牌与服务能力有一定关系，但又并非完全的因果关系。因为有不少企业的专长在于工商、银行、税务等行业，即便是集团公司，也有可能在教育行业起步相对较晚，投入人力、物力较少，甚至还处于“摸着石头过河”的阶段，故而要深入了解公司在教育信息化方面的投入力度。我们知道，数字校园重在实施和应用，而软件的维护几乎无止境，需要反复调研、修正、调试。如果后续服务跟不上，院校就会“骑虎难下”，相当被动，所以企业本地化的服务能力尤为关键。

第三，产品质量。走访企业曾经合作的院校，看他们能否很自如地把握业务需求、提出恰当的解决方案，并以用户理解的语言来说明，从“样板工程”侧面了解产品功能、质量和信誉度。

第四，选择好的项目经理。项目的推动和实施更多要依赖项目经理，要选择一个好的企业方项目经理，要求他具备高等院校的项目实施经验、能驾驭整个项目流程、具备良好的沟通合作能力，并尽可能让企业不中途换将。

此外，在合作过程中，可以设计一定的激励机制，使公司不对院校隐蔽信息，既报喜也报忧，懂得“说假话”得不偿失。项目经理带领的工作团队应该随时掌握工作的实际进展。近年来，有些院校采用项目监理制度，邀请专家或第三方企业参与进来，这也不失为一种好的方式。“监理”不仅仅是约束企业，对院校的不合理要求及行为也可以及时指正，以改善双方知识不对称的局面，使彼此能够流畅对话。

第三节　数字化校园业务系统集成

业务系统集成主要是将高校内部现有业务系统接入数据交换与共享平台中，实现数据层面、功能层面的协同工作，具体集成方法包括如下内容。

一、根据集成结构分类

按照业务系统与交换平台的集成结构可分为纵向集成、横向集成和星型集成三种类型。

（一）纵向集成

纵向集成重点在于对各个子系统进行功能整合，通过创建功能实体实现多系统互联。优点在于实施快捷，且集成过程只涉及子系统供应商，无须过多实施费用，短期来看学校可较好地控制集成成本。但这种集成方式的缺点在于需要由子系统供应商建设一个专门的子系统集成所需功能，当学校对该系统有其他集成需求时往往需要重新开展集成工作，因此，长远看无法测算最终集成成本，集成工作可复用程度低。

（二）横向集成

即企业服务总线，由集成商开发一个专门的集成系统实现各个子系统之间的互联，由服务总线负责各个接口之间的数据传输，避免了各个子系统之间的系统对接，降低集成成本，且每个子系统只要与服务总线对接一次即可向总线上的其他系统提供数据服务，从而使得整个系统具有较高扩展性。

（三）星型集成

即所有子系统之间进行一对一互联，从单个被集成的子系统来看其集成结构为星型。缺点显而易见，即一旦高校新建业务系统需要集成，那么，需要将新建系统与所有系统进行对接，使得集成工作量呈几何倍数增长。

二、根据集成深度分类

从集成的深度上，业务系统集成可分为表示层集成、业务逻辑集成、应用接口集成和数据集成四种方式。

（一）表示层集成

即将各个业务系统的功能集成至统一的界面供用户访问各个系统功能。这种集成方式是将各个业务系统的终端界面都用统一的标准页面来替换，应用程序终端窗口的功能可以一对一地映射到一个基于浏览器的图形用户界面中。这种集成方式最常见的应用方案即为建立统一门户系统，通过门户实现业务系统的单点登录、应用接入、权限管理等功能，从而实现业务系统的统一化集成。

（二）业务逻辑集成

该集成方式主要用于业务逻辑共享，各个子系统向高层业务集成层提供业务集成接口，实现子系统功能模块的复用和集成，并将多系统集成后的高层业务展示给用户，实现最终集成。该集成方案主要使用中间件技术和企业应用集成技术，包括消息中间件集成、交易中间件集成和应用服务器集成等。目前的研究和实现主要集中在 Web Servlce 技术领域，通过子系统间的信息传递，实现业务流程的集成。

（三）应用接口集成

应用接口集成是在业务逻辑层面的集成，通过内部网络、协议转换与数据传输实现不同子系统间数据通信的安全传输，从而允许集成系统访问子系统的功能模块，实现子应用系统数据的全范围共享。应用接口集成包括两种主要形式：其一，面向消息中间件实现新旧系统间的消息传递；其二，将各个子系统看成整体集成系统的分布式对象，通过.NET、J2EE、CORBA 等分布式对象技术构建对外通信接口，最终实现子系统功能的上层方法调用，从而使得开发人员无须关注子系统的内部框架结构，实现高校内部的跨平台集成。

（四）数据集成

企业数据集成是依靠数据层面的操作实现集成，通过数据复制，数据聚合，数据抽取、转换和装载，将子系统数据源实体或复制数据传递到数据需求系统，从而实现数据的共享和集成。企业数据集成主要利用校内统一建立的数据交换与共享平台，以平台为载体向各个子系统数据源抽取共享数据，并通过清洗、转载、发布实现数据的共享管理，从而实现各个子系统的数据集成。

第四节　数字化校园应用系统建设

一、业务系统建设

高校在开展业务系统建设的过程中，不断摸索建设经验，形成了权限集成层、应用集成层、数据集成层、应用系统层等应用系统建设结构。

其中，权限集成层主要为校内师生用户提供身份管理、身份认证服务，提供用户对各个业务系统的单点登录服务；数据集成层为数据交换与共享平台集成，用以向各应用系统提供共享数据，实现数据流的动态交互；应用系统层包含了校内各个业务系统，包括人事管理系统、财务系统、一卡通系统等。对于各个高校而言，应用系统层的建设是以学院、各个机关单位等的相关业务需求为驱动的，大致可分为以下四类。

教学辅助类，利用信息技术和网络资源对传统教学进行补充，包括网络教学平台、课件制作平台、视频转播等。

电子校务类，辅助高校日常管理，包括学生管理系统、行政办公系统、人事管理系统、资产管理系统、后勤管理系统等。

数字资源类，给教师和同学提供访问数字资源的平台，包括网上图书馆、视频点播、课件资源等。

电子支付类，以校园一卡通系统为主，以第三方支付系统（如支付宝、微信支付等）为辅。这些应用系统为学校的教学、管理等工作提供便利。但系统增加，也给各系统的维护工作增加了困难。

业务系统在建设过程中应当注意以下几个方面。

业务系统的建设需要在数字化主管部门的统筹协调下开展需求调研工作。在实际工作中，业务系统的需求单位以校内各个二级部门、学院为主。由于缺乏专业的技术背景，用户对需求的理解往往局限为对实际工作业务流程进行信息化梳理，希望系统的操作过程“完全”与其线下流程保持一致，忽略了流程在信息化的过程中的符合学校整体信息化建设的要求，尤其是在流程优化、数据整合等方面缺乏意识。因此，需要数字化主管部门对各部门的系统建设需求进行审核，确保系统符合学校整体框架要求。

无论是已有系统还是待建系统，在统一信息标准的前提下进行数据整合都是形成学校数据资产的重要途径。对未建系统进行数据整合时，需求分析人员只要确定系统建设符合学校的信息标准，在开发阶段即可开展工作。对于已有系统，数据整合过程需要第三方厂商配合完成，对不符合学校信息标准的系统，需要厂商对系统进行整改，或通过建设中间库的方式完成数据整合。

二、二级网站建设

学校二级部门或院系网站的各自为政，造成在网站建设初期无法做到统一规划、统一标准和统一管理，各二级网站之间、二级网站与信息化应用系统之间的信息难以共享和集成，形成彼此独立的“信息孤岛”，信息资源利用率低。

为满足学校各院系、部处源源不断的新建网站和网站改版的需求，切实有效地解决二级网站建设与管理存在的各种问题和安全隐患，各高校纷纷采用网站群建设来实现对校内二级网站的统筹建设与管理。表面上看，网站群是一群网站的批量链接，但实际上网站群建设是在整体规划、统一设计的前提下建设的可进行数据共享、内容关联的网站集合。网站群平台是内容管理系统的一种，一般包括前台管理服务器和后台管理服务器，系统管理员通过后台管理平台创建站点，配置网站管理权限等；网站管理员则通过前台管理服务器配置站点相关信息，创建网站模板以及发布内容，发布后的内容由网站群服务器协调配置后传输至 Web 站点服务器上完成对外发布。

网站群平台为二级网站的建设和管理提供了统一技术架构、统一标准以及统一管理，避免了网站建设中的重复性工作，实现了资源整合与网站内容共享；同时，前后台分离管理的架构模式可大大提高网站的访问速度，并为管理人员配置统一化安全管理创造技术可行性。

一般来说，网站群的建设需要注意以下几个方面。

（一）虚拟化集群管理

利用虚拟化技术，实施二级网站服务器虚拟化集群管理，提高管理能力和服务水平。

为便于统一化管理，二级网站需要部署到独立的虚拟服务器上，将站点、域名以及虚拟主机一一对应，从而实现站点迅速部署服务器、服务器集群管理、动态资源分配回收、零宕机迁移、快速备份恢复等管理特性；同时，可将网站群的紧耦合模式转为松耦合模式，当某网站出现问题或需要维护时不致影响其他站点的正常运行。

（二）站点审核制度

二级网站作为学校对外宣传的重要工具，所有站点发布应当统一化管理，学校内部应结合校内实际情况制定相关管理制度，如网站发布前需有校内宣传部门（如学校办公室、宣传部等）以及信息化主管部门联合备案，要求各二级站点明确管理人员、规范内容发布流程。网站管理要做好对发布内容的登记，包括发布时间、发布人、审核人等都要登记备案，从而加大信息发布的监管力度。

（三）漏洞扫描机制

二级网站作为对外宣传平台，极易受到网络黑客的攻击。因此，所有网站在发布前都应进行漏洞扫描，对发现的漏洞及时修补，且应建立网站安全管理机制，定期对已发布网站进行扫描，不合格的网站及时关停、修补；在各种攻击高发时期，更应提前做好安全扫描工作，防止网站被恶意攻击，造成不良后果，最大限度地减少网站安全隐患。

（四）培养管理人才

网站管理包括技术管理和内容管理两个方面，因此，除了需要信息化主管部门提供技术支持外，更重要的是各个二级网站内容管理人员做好内容管理，这就要求相关管理人员具备一定文稿功底的同时具备一定的信息化技术能力，对网站编辑、模板管理甚至网站安全具备一定的基础知识。因此，高校应重视网站管理人员培养，加强各级信息化队伍建设，定期邀请校内外专业人员进行技术培训和工作指导，为网站建设与管理人员提供更丰富的学习和提升信息技能的平台，从而不断提升二级网站建设水平。

三、门户系统建设

门户是对高校内部的信息和应用系统进行整合，通过统一控制用户对信息和应用系统的访问，为用户提供单一的访问入口。从界面上看，门户可按照资讯、搜索、业务服务和公共服务几个部分进行内容整合，对高校个人信息中心提供的内容进行梳理和归纳，根据用户身份提供满足其需求的特定信息和应用的整合，为用户提供个性化、一站式的信息服务。一般地，门户建设内容应包括服务集成建设、信息集成支撑、信息集成管理以及服务组件管理四个方面。

（一）服务集成建设

1. 数据集成

所有的已建系统、新建系统与公共数据库进行对接，要考虑到未来的新建系统与数据库的对接，需要提供完整的 Web Service 数据标准接口、数据库结构和数据字典描述，开放数据库读写权限，实现门户与其他应用系统的数据交换和共享。

2. 认证集成

所有的已建系统、新建系统与统一身份认证平台进行对接，系统的认证都需要归入统一身份认证中从而实现校内用户的统一认证、账户统一管理和单点登录。通过校园统一身份认证服务接口进行认证集成。

3. 个人信息中心集成

所有的已建系统、新建系统与个人信息中心进行对接，需提供 Web Service 接口标准与规范，面向师生的服务应用遵循国际标准 JSR268 portlet 规范，将面向最终用户的服务整合在统一校园个人信息中心平台中。

4. Iframe 集成

对于一些不具备改造条件的功能，支持通过个人信息中心 Iframe 的方式集成到个人信息中心。

（二）信息集成支撑

信息集成的实现需要标准个人信息中心服务器、集成工具以及用户个性化集成三个方面。

1. 标准个人信息中心服务器

提供校园个人信息中心平台的基础运行支撑，遵循国际标准和主流开发技术，包括 JSR-168、Spring Application Framework、Spring MVC、Portlet Framework 等。

2. 集成工具

用于校园个人信息中心平台中的内容集成方案，包括页面集成、数据集成和应用集成，集成手段包括 Iframe 集成、页面抓取、RSS 集成、HTML 编辑、凭证登录集成等。

3. 用户个性化集成

提供丰富的用户与系统交互功能，包括服务自定义收藏、资讯订阅、服务评价、服务导航等。

（三）信息集成管理

1. 角色管理

对个人信息中心用户进行角色管理，角色基于校园用户身份，支撑数据集成共享库，保障用户数据的一致性。

2. 模板管理

完成对不同角色用户的个性化管理，可以对不同角色授权不同应用，配置不同的角色访问 UI。

3. 应用访问分析

对应用访问数据进行跟踪分析，发掘各类应用的使用频率，促进应用服务的完善。

4. 运行管理工具

提供对 Portlet Server 的管理，包括站点管理、故障邮件告警、访问统计。

（四）服务组件管理

1. 服务注册

面向内、外部应用提供开放的注册接口，并实现对已注册服务的统一管理。在个人信息中心上发布的所有服务必须在服务集成平台注册。

2. 服务定义

包括服务的基本属性、开放设置、提醒设置、推荐设置以及服务的授权等功能。

3. 服务组织

提供将所有服务按照主题、分类（大类、小类）进行归类的功能，同时提供关键词检索功能。

4. 服务应用

提供服务导航、服务推送、服务说明、服务咨询、服务评价、服务检索、服务排行、服务关联、服务收藏功能。支持第三方服务绑定服务应用组件，可以自定义组合。

5. 服务监控

可以查看每个服务的访问情况、管理员的操作日志、在线用户等信息。

6. 服务集成接口

提供服务应用开发标准及接口规范，提供服务集成套件，系统支持市场上主流的集成方式，主要包括 Web Service 接口、Iframe、RSS、URL、HTML、页面抓取等方式，并通过服务集成套件将服务应用集成入个人信息中心。

四、移动门户系统建设

当前，高校师生作为移动互联网用户的主流人群，其移动应用服务的需求日渐高涨，大量的移动互联网应用占据了广大师生相当的网络消费时间，从而使大量的移动互联应用迅速崛起。同时，学校内部及周边的生活、学习等信息服务形态难以满足日渐旺盛的移动体验需求。现有的门户在信息及时性和互动性上存在很大局限，学校内部的资讯及生活服务等资源也未能充分利用，大量不受控制的外部移动应用正在不成体系地通过非安全方式对接校内的核心系统入口。

在此背景下，高校急需为师生在学习、工作、生活等信息服务领域提供可控的移动化支撑，即移动门户平台，以提供一个集中式的校园移动服务分发通道来满足师生的移动服务需求。

移动门户平台的建设是高校数字化校园建设发展的必经阶段，其目标不仅仅是完成传统数字化校园在移动端的迁移，而是要基于移动互联网理念重构一套开放的移动校园信息化生态体系，建设服务型移动应用，并通过持续迭代优化用户体验、盘活校内用户资源，实现信息化建设的价值。

移动门户平台提供各类应用的统一分发和统一访问通道，包括移动门户、应用管控台以及功能设计三个部分。

（一）移动门户

移动门户支持用户登录、个人信息维护、移动应用在终端的聚合和管理（下载、安装、更新、移除），以及接收 PUSH 消息和系统消息服务，主要包括以下功能。

（1）账号登录及授权

与学校现有统一身份认证系统无缝集成，实现单点登录。

（2）个人信息维护

支持灵活设置个人昵称、个人照片信息、个人联系方式等属性信息，并在使用第三方应用时，可以自主选择是否允许第三方应用访问个人授信信息。

（3）个性化系统消息提醒

支持用户登录后接受系统推送的与角色相匹配的消息，支持语音、图片、外部链接、新闻等富媒体信息格式。

（4）PUSH 服务

推送系统内重要的与用户强关联的通知消息。PUSH 的消息支持系统内嵌服务跳转，如新闻、通知公告或外链的第三方跳转，也支持被集成的移动应用的直接调用。

（5）移动应用市场

提供学校专属的移动应用列表，并为不同权限用户展现个性化的移动应用列表，用户可以对应用进行安装、卸载、评价。

（二）应用管控台

应用管控台主要实现对用户、应用、权限的管理，具体如下。

(1) 管理权限设置

支持不同管理组的设置，如身份管理、应用管理、内容管理、客户端管理等，并对不同管理组配置相应的管理员，通过页面授权的方式进行独立管理。

(2) 用户及角色信息管理

可以自定义用户角色，如分为学生、教师、行政管理人员等，根据不同角色进行差异化的应用推荐和功能设置。

(3) 应用管理

支持对授权的第三方应用进行管理，如添加、编辑、上架、下架、删除、升级、版本回退等。

(4) 服务分发统计服务

支持获取用户访问总数、订阅用户数、新增用户数、在线用户数、月活/日活用户数等统计数据。

(5) 应用内容管理

对新闻、通知公告等依赖 PC 应用系统的移动应用，进行应用订阅源、应用内容发布、内容同步等管理。

(6) 客户端版本升级管理

支持对客户端版本升级信息进行管理。

(三) 移动门户功能设计

移动门户在进行功能设计时，除了要实现 Web 端门户系统功能移动化，还要考虑根据 App 不同使用角色设计针对性的功能模块，即在功能上不可一概而论。

根据不同角色类别，一般将功能模块分为公共模块和个性化模块两个部分。其中，公共模块应为所有角色都需要的功能模块，主要为用户提供基础信息查询服务。

个性化模块则需要按照角色特点进行分配，如教师个性化功能为课程表，学生个性化功能则是成绩查询和课表查询，在岗在编行政人员则更关注部门通知。

第五节　数字化校园统一身份认证体系建设

如今全球信息化的速度越来越快，也越来越重视信息安全。如何在网络环境中建立起一个完善的安全系统，身份认证技术就成为网络安全首先要解决的问题。

身份认证技术是信息安全的核心技术之一，任务是识别、验证网络信息系统中用户身份的合法性和真实性。身份认证技术的发展，经历了从软件认证到硬件认证，从单因子认证到多因子认证，从静态认证到动态认证的过程。常见的身份认证的方法有：基于口令的鉴别方式，基于智能卡、令牌的鉴别方法，基于 PKI 数字证书的鉴别方法，基于生物特殊的鉴别方法，基于组合因子的鉴别方法等。其中，口令认证是网络信息化中最常用的一种认证方式。

在高校信息化的进程中，身份认证的发展得到了大力支持，大部分高校已完成了身份认证。回顾近 10 年高校的信息化建设发展历程，学校身份认证的建设已经历了 2 次突破：第一代的单点登录，完成了大部分系统的身份集成，通过同一套用户名和密码单次登录在各个系统之间切换。大概在 2011 年以后，越来越多的高校通过构建第二代身份管理的方式，不仅实现 SSO 单点登录，并且实现对身份的管理，走到了“独立认证、独立授权、独立账号管理”的阶段。但是，身份管理并没有做到将用户真正的关注点抓住，身份的监控、身份的统一授权审计等问题并没有真正被解决，主要存在以下问题。

现有 SSO 模型带来的安全问题是，原有方式基于共享 cookie 进行统一认证，cookie 被所有集成的系统共享，虽然不包含个人敏感信息，但是，集成系统却可以通过获取该 cookie 值模拟用户登录，存在一定的安全隐患。

另一个问题是对于接入身份认证的系统没有统一管理。学校建设的系统有很多，根据信息化的建设进程，这些系统都逐渐接入了身份认证。但是，由于缺少统一的接入管理，不仅对接入身份认证的系统缺少有效监管，而且对用户的访问数据也缺少应有的积累。对接入系统进行统一管理，还可以从身份认证的层面，为系统提供一层安全保护，即可设置哪些用户可以访问该系统，无权限访问该系统的用户，即使已经通过了身份认证，也无法登录该系统。

缺少对用户登录访问过哪些系统的有效监控，就无法掌控安全情况，难以对一些情况加以判断。如用户频繁访问一个系统，或频繁查看某些信息，需要对这样的用户进行记录，可以为后续向用户推荐个性化服务提供数据支撑，也可以让用户看到自己的访问记录等。

对于一些学校不支持的新协议如 OAuth，很多第三方应用无法接入或接入时无法掌控其权限，如超级课程表是通过暴力破解学校教务系统拿到学生的课表信息的，这种行为对学校的信息安全存在严重威胁。当学校支持 OAuth 协议时，可以授权给超级课程表相应的权限，并且告知学生超级课程表将会读取你的课表信息，这样学校所有的对外信息都得到控制，可以保证学校的信息安全。对于对学生有帮助的应用，既要进行管理，也要进行支撑，应采用疏而不是堵的策略。

缺少对新型认证方式，如二次授权、动态密码等的支持，当在公共场所登录学校系统时，只能使用传统方式登录学校系统，这时密码等信息可能会被监控，导致学校和个人的信息外泄，存在严重的安全隐患；对于一些重要的系统，如财务、OA 系统等，在用户登录其他系统进行身份认证后，当临时离开或者交由其他人来管理时，这些财务和 OA 等重要信息是不允许被他人看见的，如果不做二次授权，信息有可能会被其他人泄露，导致信息安全等问题。

因此，构建一个高效稳定、安全可靠、统一授权、集中认证模式的集中身份管理和身份认证平台已经成为各大高校数字化校园建设的重要目标。

身份认证管理平台应能实现身份数据的统一存储、统一管理，实现全校各类应用的单点登录，以及各类访问与操作的安全审计。同时，还应提供便利的工具，便于系统的维护和管理。

一、基础服务

（一）SSO 认证服务

单点登录（SSO）系统的建设目标是要解决各应用系统用户名和口令不统一的问题，希望提供一套方便、安全的口令认证方法，让用户只要一套用户名和口令就可以使用网络上他有权使用的所有业务系统。一般市面上的开发商采用开源的 CAS 协议作为实现单点登录的底层技术平台。

（二）目录服务

简单来说，目录服务就是按照树状信息组织模式实现信息管理和服务接口的一种方法。目录服务系统一般由两部分组成：一种拥有描述数据规划的分布式数据库，以及访问与处理数据库有关的详细的访问协议。目录服务与关系型数据库的不同是，目录不支持批量更新所需要的事务处理功能，目录一般只执行简单的更新操作，适合进行大量数据的检索；目录具有广泛复制信息的能力，在缩短响应时间的同时，提高了可用性和可靠性。

目录服务与现有系统集成在一起充当一个集中化的身份信息库，用于集中存储学生、教师和其他人员的信息。

（三）身份数据存储

对用户的身份、角色、组织机构等进行系统化的管理。

（四）账号数据同步服务

管理员可预先配置账号同步任务，并让这些任务按照事先设置好的时间循环执行，从而满足对身份账号数据的自动同步和处理。

（五）身份自助服务

身份自助服务主要面向高校内的最终用户，包括所有学生、教师和其他工作人员。个人自助服务可满足用户对自己账号信息和密码信息的维护需求。同时，用户还可以查询到自己账号的使用信息和维护信息。个人自助服务也包括用户找回密码的功能。

二、集成接口

（一）认证方式

身份管理平台采用认证方式与登录方式分层的设计，可平滑扩展多种登录方式，如用户名口令、证书、智能卡等，支持多级登录处理认证机制。为防止暴力破解，一般提供附加图像码、二维码扫描、动态码等方式增加安全性。

（二）认证服务接口

单点登录系统仅为应用程序提供两种类型的认证编程接口。对基于 Java 的应用系统（包括基于 JSP 的 Web 应用系统和基于 Java 的应用程序）可以使用 Java 编程接口；对于非 Java 的应用系统，可以使用 .NET 编程接口、PHP 编程接口或官方其他语言接口。

（三）负载均衡

负载均衡为身份认证服务和目录服务提供大量访问下的高可用性。多机热备和负载均衡，提高了硬件设备的使用效率。

（四）身份管理控制台

1. 账号管理

账号管理是身份管理平台内的一个关键功能项，旨在帮助管理员完成全校身份账号数据的增加、删除、修改、过期设置、锁定/解锁和加入组操作。同时，还可提供高校使用场景特有的功能，即转为校友功能。

2. 认证管理

认证管理用于管理全校已经集成的所有应用系统，每个集成的应用系统均需要一个认证应用账号来进行身份认证集成和 SSO 集成。全校已经集成的应用系统在此功能中一目了然。

3. 授权管理

对群组授权、用户授权、批量授权提供统一的管理渠道，并提供统计分析。

4. 系统管理

系统管理功能主要包括一些对平台运行起支撑作用的数据管理和功能设置，包括操作日志管理、管理员管理和配置管理功能。

（五）审计管理

该功能旨在帮助管理员及时发现问题，例如账号、认证和授权中出现的一些问题。

（六）监控管理

为管理员提供了监控各项服务运行状态的平台，管理员可实时掌握系统的运行状态。

第五章 高校大数据建设

第一节　大数据概论

一、大数据背景与影响

随着电子信息技术和互联网的飞速发展，各种电子设备和数据终端迅速走入寻常百姓家中。以移动通信发展为代表的手机等客户端产生大量的数据，以 PC 为代表的微机时代产生了大量的计算机数据，以数码相机为代表的电子设备产生大量的视频、图片数据，以互联网为代表的网络应用产生大量的 Web 数据。因此，大数据的产生是源于信息技术的发展和普及，所以遍布全球的物联网、云计算、移动互联网、车联网、手机、平板电脑、PC 以及各种各样的传感器，无一不是数据的来源或者承载方式。

（一）移动互联网的发展、App 等应用程序的出现，使得大数据的数据来源呈现爆炸式增长

在移动互联网时代，大数据的来源有两个方面：一是面向个人的数据来源前端，如各种各样的 App；二是面向企业的 SaaS 服务的产品。面向个人用户的 App，以满足用户的需求为主要出发点，产生的用户数据中包括以个人为基础的数据，也包括群体数据。随着用户量的增长，这些 App 数据就促生了大数据面向企业的 SaaS 服务，这一服务通过为企业提供一套完整的解决方案而产生数据。

（二）云存储技术的出现，解决了数据存储问题

将数据存储在云主机上，保证数据的安全、稳定、高效，都需要云存储技术来完成。云存储主要负责数据的存储以及计算，如果没有云存储技术，大数据就不能得到发展。

随着移动互联网的快速发展，传统的存储方式在容量、性能、智能化等方面已经无法满足需求。云存储的出现，从功能上弥补了传统存储的不足，通过虚拟化大容量存储、分布式存储和自动化运维等功能，实现了存储空间的无限增加和扩容，自动化和智能化功能则提高了存储效率。另外，规模效应和弹性扩展，可降低运营成本，避免资源浪费。

云存储技术节省了开发者的成本。应用程序在使用过程中产生大量的数据，如果让企业自身去开发一款分布式的存储系统，可能需要组建一个几十人的开发团队，成本也会大大增加。而使用云存储，可以节约企业成本，让企业发展更加迅速。

云存储技术为大数据分析提供了基础依据。作为大数据的存储服务商，云存储有着非常大的数据挖掘潜力，云存储平台为大数据分析提供了数据来源，有了这些数据，再配置上一些数据分析工具，完全可以产生一些非常有价值的数据分析报告。

这些是数据体量达到大数据的特征后，云存储所能做的一系列分析的依据。所以说，云存储是大数据发展中的最重要的一个环节。

（三）云计算作为计算资源的底层，支撑着上层的大数据处理

大数据的存在形式多种多样，这也决定了大数据的处理非常困难，需要运用数学、统计学、物理学等知识进行全方位的研究。云计算是一种按使用付费的模式，这种模式提供可用的、便捷的、按需的网络访问，进入可配置的计算资源（资源包括网络、服务器、存储、应用软件、服务）共享池后，只需投入很少的管理工作，或与服务供应商进行很少的交互，这些资源就能够被快速提供，云计算甚至可以让你体验每秒 10 万亿次的运算能力。

大数据的总体架构包括三层：数据存储、数据处理和数据分析。类型复杂和海量由数据存储层解决，快速和时效性要求由数据处理层

解决，价值由数据分析层解决。数据先要通过存储层存储下来，然后根据数据需求和目标建立相应的数据模型和数据分析指标体系；对数据进行分析产生价值，数据分析的时效性通过数据处理层提供的强大的并行计算和分布式计算能力保障：三层相互配合，让大数据最终产生价值。

二、大数据定义及特征

大数据本身是一个比较抽象的概念，单从字面来看，它表示数据规模的庞大。但是，仅仅数量上的庞大显然无法看出大数据这一概念和以往的“海量数据”“超大规模数据”等概念之间有何区别。

大数据目前尚未有一个公认的定义，各种不同的定义基本是从大数据的特征出发，通过这些特征的阐述和归纳试图总结出一个定义。在这些定义中，比较有代表性的是3V定义，即认为大数据需满足3个特点：规模性、多样性和高速性。除此之外，国际数据公司认为大数据应当具有价值性。维基百科对大数据的定义为：大数据是指利用常用软件工具捕获、管理和处理数据所耗时间超过可容忍时间的数据集。

相比于传统的数据库应用，大数据分析具有数据量大、查询分析复杂等特点。目前，大数据的定义已由3V发展到4V：

（1）规模性：数据体量巨大，从TB级别跃升到PB级别。

（2）多样性：数据类型繁多，如网络日志、视频、图片、音源、文档、地理位置信息，等等。

（3）高速性：处理速度快，极短的时间可从各种类型的数据中快速获得具有较高价值的信息，这一点也和传统的数据挖掘技术有着本质的不同。

（4）价值性：只要合理利用数据并对其进行正确、准确的分析，就会带来很高的价值回报。

三、大数据结构类型及技术

当今企业存储的数据不仅仅是内容多，结构也发生了极大改变，不再仅仅是以二维表的规范结构存储。大量的数据来自非结构化的数据类型，如办公文档、文本、图片、XML、HTML、各类报表、音频和视频等。并且，这些数据比起结构化数据数量巨大且增长迅速。大数据结构类型有以下几个：

（1）结构化数据：包括预定义的数据类型、格式和结构的数据。例如，关系型数据库中的数据。

（2）半结构化数据：具有可识别的模式并可解析的文本数据文件。例如，自描述和具有定义模式的 XML 数据文件。

（3）准结构化数据：具有不规则数据格式的文本数据，使用工具可以使之格式化。例如，包含不一致数据值和格式化的网站点击数据。

（4）非结构化数据：没有固定结构的数据，字段长度可变，并且每个字段的记录又可以由可重复或不可重复的子字段构成数据库。

大数据本身是一个现象而不是一种技术，对大数据进行采集、传输、处理和应用的相关技术就是大数据处理技术，是一系列使用非传统的工具来对大量的结构化、半结构化和非结构化数据进行处理，从而获得分析和预测结果的一系列数据处理技术。

（一）大数据采集技术

大数据采集技术是指通过 RFID 射频、传感器、社交网络及移动互联网等途径获得各种类型的结构化、半结构化（或称之为弱结构化）及非结构化的海量数据的技术，是大数据知识服务模型的根本。大数据采集一般依靠大数据智能感知层（主要包括数据传感体系、网络通信体系、传感适配体系、智能识别体系及软硬件资源接入系统）实现对结构化、半结构化、非结构化的海量数据的智能化识别、定位、跟踪、接入、传输、信号转换、监控、初步处理和管理等。

（二）大数据预处理技术

主要完成对已接收数据的抽取、清洗等操作。

1. 抽取

因获取的数据可能具有多种结构和类型，数据抽取可以将各种类型复杂的数据转化为单一的或者便于处理的构型，以达到快速分析处理的目的。

2. 清洗

大数据并不全是有价值的，有些数据与用户关心的内容无关，还有一些数据则是完全错误的干扰项，因此要对数据过滤和去噪，从而提取出有效数据。

（三）大数据存储及管理技术

大数据存储与管理技术是用存储器把采集到的数据存储起来，建立相应的数据库，并进行管理和调用。重点解决复杂结构化、半结构化和非结构化大数据存储与管理，主要解决大数据的可存储、可表示、可处理、可靠性及有效传输等几个关键问题。需要开发可靠的分布式文件系统（DFS），以及能效优化的存储、计算融入存储、大数据的去冗余及高效低成本的大数据存储技术；突破分布式非关系型大数据管理与处理技术、异构数据的数据融合技术、数据组织技术，研究大数据建模技术；突破大数据索引技术；突破大数据移动、备份、复制等技术；开发大数据可视化技术；开发新型数据库技术；开发大数据安全技术，改进数据销毁、透明加解密、分布式访问控制、数据审计等技术；突破隐私保护和推理控制、数据真伪识别和取证、数据持有完整性验证等技术。

（四）大数据分析及挖掘技术

1. 可视化分析

数据可视化无论对于普通用户或是数据分析专家，都是最基本的功能。数据图像化可以让数据自己说话，让用户直观地感受到结果。

2. 数据挖掘算法

数据挖掘就是从大量的、不完全的、有噪声的、模糊的、随机的实际应用数据中，提取隐含在其中的、人们事先不知道的但又是潜在有用的信息和知识的过程。数据挖掘涉及的技术方法很多，有多种分类法。根据挖掘任务可分为：分类或预测模型发现，数据总结、聚类、关联规则发现，序列模式发现，依赖关系或依赖模型发现，异常和趋势发现，等等。根据挖掘对象可分为：关系数据库、面向对象数据库、空间数据库、时态数据库、文本数据源、多媒体数据库、异质数据库、遗产数据库以及环球网 Web。根据挖掘方法分可粗分为：机器学习方法、统计方法、神经网络方法和数据库方法。机器学习方法可细分为：归纳学习方法（决策树、规则归纳等）、基于范例学习、遗传算法等。统计方法可细分为：回归分析（多元回归、自回归等）、判别分析（贝叶斯判别、费歇尔判别、非参数判别等）、聚类分析（系统聚类、动态聚类等）、探索性分析（主元分析法、相关分析法等），等等。神经网络方法可细分为：前向神经网络（BP 算法等）、自组织神经网络（自组织特征映射、竞争学习等），等等。数据库方法主要是多维数据分析或 OLAP 方法，另外还有面向属性的归纳方法。

3. 语义引擎

语义引擎需要设计到有足够的人工智能足以从数据中主动地提取信息。语言处理技术包括：机器翻译、情感分析、舆情分析、智能输入、问答系统，等等。

4. 数据质量与管理

数据质量与管理是管理的最佳实践，通过标准化流程和机器对数据进行处理可以确保获得一个预设质量的分析结果。

（五）大数据展现与应用技术

大数据技术能够将隐藏于海量数据中的信息和知识挖掘出来，为人类的社会经济活动提供依据，从而提高各个领域的运行效率，大大提高整个社会经济的集约化程度。在我国，大数据将重点应用于以下三大领域：商业智能、政府决策、公共服务。例如，商业智能技术，政府决策技术，电信数据信息处理与挖掘技术，电网数据信息处理与挖掘技术，气象信息分析技术，环境监测技术，警务云应用系统（道路监控、视频监控、网络监控、智能交通、反电信诈骗、指挥调度等公安信息系统），大规模基因序列分析比对技术，Web信息挖掘技术，多媒体数据并行化处理技术，影视制作渲染技术，其他各种行业的云计算和海量数据处理应用技术等。

第二节　高校大数据平台建设

大数据科学决策是高校治理体系和治理能力现代化的关键。在教育领域中，管理和决策越来越依赖于数据和分析，而非基于经验和直觉。随着RFID、二维码、视频监控、普适计算等智慧校园信息技术的应用，高校信息管理系统、一卡通系统、校园BBS论坛、贴吧、网站点击流量、通信设备、监控系统等产生的数据量呈几何级数快速增长，采用新型技术对海量数据进行有效分析和处理，提炼出有价值的数据信息供学校管理部门参考决策，将使得智慧理念在高校管理中真正得以实现。然而，目前大多数高校积累的数据缺乏统一的技术规范和数据编码，自行设计教育资源和管理信息的格式，或者采用了一些互不兼容的信息系统，导致学校各部门之间无法进行有效的信息交换和资源共享。这些数据资源没有得到相应的整合和开发，更谈不上利用这些数据对学校的教学、科研、管理等各项事务进行预测和分析。构建大数据平台，将这些海量、分散、异构的数据资源集成起来达到共享、融合，通过多维度、多层次、多群体、多因素数据分析并形成一定的应用模式，从中分析和挖掘潜在的价值，去解决高校事业的“瓶颈”问题，是将大数据应用于教育领域的重要意义。

高校大数据平台作为高校统一的数据采集、处理、服务和运营的平台，通过“统一采集、统一存储、统一管理、统一运营和统一服务”，实现全校数据资源的集中及整合，构建统一的数据模型，提高数据的处理效率与共享程度，为全校各个部门提供“按需”的服务，逐步形成大数据的良性生态圈，辅助学校决策，彰显数据价值。

一、高校大数据平台总体架构

大数据平台的目标就是为高校智慧校园系统提供一个稳定、集成、可靠的数据环境。在全校信息模型的基础上，构建合理的数据存储模式，建立跨部门异构数据库之间的数据交换平台，使学校各个应用系统具有合理的数据分布，并满足各个应用系统之间的数据交换需求，满足为全校教工、学生提供全方位信息服务的需求，满足学校决策的信息支持需求，如跨部门的综合信息统计、分析和评价。

（一）应用架构

高校大数据的处理流程与一般行业数据的处理过程类似，可以定义为在合适工具的辅助下对广泛异构的数据源进行抽取和集成，将结果按照一定的标准统一存储，利用大数据分析引擎技术对存储的数据进行分析，从中提取有益的知识，并利用 BI 工具将结果展现给终端用户。具体来说可以分为数据抽取与集成、数据分析和数据展示。

（二）功能架构

大数据平台是一个可扩展的数据平台，全面整合校内业务数据，建立从业务层到管理层再到决策层的数据智能分析体系，使管理者能够及时掌握全面状况，迅速做出科学决策。

大数据平台主要分为五大功能子平台。

数据采集加工平台：建立统一的数据采集加工平台，供大数据平台从各业务系统及外部环境采集、清洗、加工数据。

数据存储平台：由 Hadoop 系统和内存数据库共同构成，其中 Hadoop 系统用于存储全量数据。在 Hadoop HDFS 存储之上，运用 HABSE、HIVE、SPARK 等组件，满足用户不同分析场景的需求，这些组件将通过数据分析层调用。基于内存的关系型数据库作为热数据管理，主要用于实时和大规模、高并发的复杂分析场景。

数据分析挖掘平台：建立基于 Hadoop 的企业级数据仓库，创建不同应用类型的数据集市。数据集市是数据仓库的一个子集，主要面向特定业务，并且只面向某个具体主题。在大数据平台中，数据集市的功能应该被整合和强化。依据业务功能，数据集市将被划分为一系列主题集市，按照业务独立性的原则，这些主题相关的核心数据分析将在独立的数据集市内完成，部分有交叉的分析主题可能在其他分析模块中实现。利用 Hadoop 生态系统的组件以及内存数据库提供的数据分析能力实现业务分析场景。数据分析层既包含用户的业务应用，也包含具体的分析类型，如实时查询、数据挖掘等。

数据管控平台：为大数据平台提供元数据管理、主数据管理、数据质量管理、数据标准管理、数据安全管理等服务。

数据可视化展现平台：包括可视化交互查询、图表展示、学生画像等。

（三）技术架构

大数据平台有关硬件设备主要是部署于数据中心机房的服务器设备、网络设备、存储设备、负载均衡器、VPN、防火墙等硬件设备。

基于分布式容器集群管理系统构建的服务器虚拟化资源池，可为各类应用、分布式计算和存储服务组件提供多租户的容器资源分配及调度管理、应用打包部署及运行、服务注册和发现、动态扩缩、均衡容灾等资源管理服务。

通过ETL、Sqoop等技术抽取校内各个业务系统中的数据到大数据中心；通过Kafka/Flume控制校内物联网设备状态及日志信息，也包括业务系统的日志信息等；通过自开发的网络爬虫工具从互联网爬取数据到大数据平台中。

二、软硬件配置

基础软件硬件环境属于数据中心的最底层，主要包括数据中心的存储、备份、灾备以及机房建设等内容。

（一）数据中心存储模块

集中存储系统选择目前使用最广泛、应用最为稳定的SAN网络存储系统，对生产中心的数据进行集中存储管理。针对各应用服务器数据的重要性和价值的不同，选择不同的存储介质。根据数据的生命周期，采用分级存储的架构：一些重要且经常使用的数据，存储在性能和价格较优的SAS硬盘中；重要程度相对低一点的数据则采用大容量的SATA硬盘作为存储介质；热点数据采用高速的SSD磁盘。

存储平台主要由服务器、磁盘阵列、光纤交换机和虚拟磁带库系统构成，服务器通过HBA卡分别连接到2台光纤交换机上，光纤交换机上访问后端的磁盘阵列为数据中心各业务平台提供业务访问和数据集中存储处理功能；光纤交换机上访问后端的虚拟磁带库，为数据中心各业务平台生产数据提供策略化的数据备份。

（二）数据中心备份模块

校内各业务平台系统以及未来逐步上线的其他管理系统以虚拟化

的方式进行部署，面对大数据量的安全防护，面对错综复杂的管理要求和扩展要求，为确保业务连续开展，数据安全备份，同时提高业务系统的容灾能力和灾难应急水平，需要建立完整的数据备份系统，使数据备份实现策略化、自动化，减少系统管理员的工作量，使业务系统得到有效的保护，增强信息基础设施和重要信息系统灾难恢复能力。为一些极其关键的业务应用构建应急恢复机制，建立可用备用应急系统和数据，保证业务数据不丢失；为重要业务系统的数据提供有效的备份机制，以保证数据意外丢失时能尽快恢复，将损失降到最低。

根据上面的需求，对于备份系统，建议整个系统应该具有如下的功能和可扩展性：

建立具有跨平台、多应用备份保护的统一安全备份解决方案，支持 Windows、Linux、Unix 等主流操作系统，32 位与 64 位异构硬件平台一体化的备份解决方案；

全面支持虚拟化环境的虚机数据保护，支持 KVM 等主流虚拟化平台的备份保护，能够与虚拟化环境实现紧密集成，支持无代理的虚拟机备份方式，可以利用数据块变化（CBT）功能实现快速备份和恢复；

支持 Oracle、SQL Server、MySQL、DB2、MangoDB、SAP HANA 等主流数据库在线备份和灾难恢复，支持数据库支持的增量（或差异）、日志备份和数据库的异机恢复；

支持完全备份、增量备份等基本备份功能，支持合成备份等主流技术解决网络带宽的问题。备份系统采用 SAN 网络的 LAN-FREE 方式，减少对现有网络环境的影响。

（三）中心灾备模块

对于一个大型的数据中心来说，容灾是必不可少的。数据的集中带来了风险的集中，现有数据都集中存储备份到一个数据中心中，一旦发生如火灾、地震或恐怖活动等事件，数据中心将受到灾难性的损失，所以，必须实现数据的异地存储备份，当主数据中心发生灾难时可以调取异地保留的数据，进而可以接管主生产中心的业务。

容灾方案大致可以分成以下四个方面。

基于主机的容灾方案：主要是指两地的主、备用系统均处于运行状态，但业务处理只在主用系统运行；同时，业务系统对数据的修改会同时通过通信网络复制到备用系统（同步或者异步方式）。当主用系统故障时，应用会自动地由相应管理控制软件切换至备份系统上运行。

基于数据库的容灾方案：主要是指通过主、备用系统的数据库的数据同步（实时或者准实时同步），即将主用系统数据库操作 Log 实时或者周期性地复制到备用系统数据库中执行，实现二者数据的一致性。

基于智能存储的容灾方案：实质是通过存储设备自身的软件，对底层进行复制。这种方案能较好保证数据的一致性，系统运行恢复较简单、快捷；同时对网络通信的稳定性、实时性和链路物理长度较为敏感，对于数据存储的物理规划、管理等的要求较高，并一般要求主、备用系统存储设备应是同一厂家产品。

容灾应选择较为成熟的基于存储的数据复制技术，实现数据级别的容灾。基于存储的容灾方案的技术核心是，利用存储阵列自身的盘阵对盘阵的数据复制技术，实现对生产数据的远程拷贝，从而实现生产数据的灾难保护。

三、高校大数据平台应用体系

学校大数据平台建设整合了学习、生活、消费、就业、上网等多角度信息，可从数据中获取业务需求的原型，对数据进行挖掘分析和测试验证，将变量之间的非线性关系可视化。平台提供丰富的图报表，为老师汇报工作提供数据，提高汇报过程和结果的准确性；从宏观层面显示学校整体状况，让学校领导更清晰地了解学校在教学、科研、财务、资产、学生工作等方面的情况，为学校领导均衡学校各个方面的发展提供了方向指引和数据支持；为学校评选高水平大学等荣誉称号提供有力且真实度高的数据，简化评选过程的数据统计工作。

（一）财务决策系统分析

财务决策系统主要用于学校财务信息化的数据处理和分析，为学校提供财务数据和非财务数据间相关性的分析。在抽取、转换、加载与财务决策相关的各种结构化、半结构化、非结构化类型的财务和非财务数据之后，通过大数据技术和手段分析数据之间的关联关系，并挖掘出数据背后蕴含的巨大价值，从而为学校科学合理的财务决策提供支撑。

（二）教务分析决策系统分析

教务分析决策系统基于学校教务管理系统收集的大量的操作数据，统计分析出教师教学评价、学生学习效果评价，以及班级、专业、院系、学校的学习和管理评价；指导教师教学改革，提高学生学习效率，预测专业发展和人才培养方向，为教学管理制度的改进提供数据支持。教务决策系统需要在教务管理系统数据库基础上，分主题抽取数据、建立数据库、提供教务教学评价和决策分析数据。

（三）科研项目管理系统分析

高校科学研究能力是衡量一个学校基础研究和高技术前沿领域原始性创新能力的重要标志，从高校自身发展来看，科学研究是学科建设的重要承载和巨大推动力，对高校发展具有深远的影响。优化科研资源配置和提高科研计划项目的管理绩效，有助于保障学校科研事业的良性、健康发展。

（四）人事需求分析系统分析

传统人事档案管理系统包含收集、管理、利用三环节，但是，随着人事管理制度改革的不断深化，学校人事管理需要与大数据结合，构建一个多中心多层级的学校数据平台，分别存放各个学院、系部、处室等数据主体和学校外部各个行业领域的数据。学校层面的人事数据分析系统通过对学校的人事档案数据进行采集、整合、共享及利用，将教职工人事档案信息可视化；人事需求分析系统需要实现学校人事处、教务处、科研处关于教职工的人事档案信息的有效整合，实现人文社科、理工科院系发展层次的比较，使得整个学校发展情况实现可视化。

（五）实验室管理分析系统分析

实验室是学校充分利用教学资源、培养创新型人才的重要阵地之一，实验室管理分析系统可从监管支持、设备保障、人员保障和监督四个方面构建实验室管理机制，以提升实验室管理水平，提高设备设施的利用率和效益。

综合分析学校各学科实验室分布、实验教学、资源投入等，总体分析实验室的实验成果及实验资源投入，对重点实验室、特殊实验室进行监控管理，为学校对实验室的管理、资源的投入等工作提供决策分析和参考依据。

（六）图书情况决策分析系统分析

图书情况决策分析功能系统，主要是基于学校的图书管理系统、电子资源网站系统及学校其他系统相关数据，对不同读者个体某个时间段在图书馆的所有活动数据进行行为统计、分析、展示。

（七）学工分析管理系统分析

根据学校的具体情况，需要对校内学生工作的相关数据进行分析，提升学校创新创业、学生服务工作的水平。模块功能需要分两部分建设，一是从整体出发，对全校整体创新、先进评选和招考工作进行测试和标准制定；二是从学生个体出发，对重点问题学生进行全面分析与监控，提升奖学金发放、优秀评选等学生工作的准确性，降低投诉率。对于优秀学生选取，可提供具体支撑信息，帮助学校选择优秀样本进行示范，提升学生工作的总体满意度，并预防严重的学生问题事件发生。

（八）学生分析管理决策系统分析

学生分析管理决策系统帮助学校将学生管理工作者从日常的具体事务性工作中解脱出来，解决运用传统手段难以获取各类统计数据的问题，更重要的是能够从学生管理工作中挖掘出有价值的信息，经过过程性和综合性的分析，找到学生各种行为之间的内在联系，思考背后的逻辑关系，并做出恰当的教学、管理决策，以提升学校创新创业、学生服务工作的水平。

（九）资产设备利用评估系统分析

通过数据分析系统，详细分析学校的资产与设备，为设备的使用管理、采购、项目立项审批提供依据，并提供指导维修和采购决策等，提升资产的采购效率与准确性，并对已有资产设备使用有效的监控与分析管理。

（十）校园综合分析管理系统分析

“校园综合分析管理系统”主要对学校信息化服务积累的大量学校发文成果进行数据分析，分析各类校园通知、发文、通知公告、工作计划、总结、舆情信息、校内外新闻、管理制度等产生的价值，全面了解全校总体发展现状和趋势，通过对这些非结构化信息进行词频、主题词等文字分析，客观地评估学校的媒体形象，并得出学校领导关注热点及其变化情况，帮助学校制定发展战略规划以及跟踪规划执行情况；同时，通过横向多维度分析，可视化呈现同类学校的大数据分析结果，帮助学校对比分析自身发展情况。

（十一）学校信息化分析管理系统分析

学校信息化分析管理系统主要是通过采集学校上网行为、校园卡行为以及信息化设备使用情况等数据，对数据进行预测性分析和战略决策分析，宏观分析学校信息化情况与建设效果，评估学校信息化建设的成果以及遇到的问题；微观分析每个用户的上网行为和校园卡等使用习惯，了解师生的日常需求或者兴趣，评估师生生活习惯、消费档次、当前关注内容等，为学校的管理工作和师生服务工作提供参考依据。

1. 学校舆情分析

主要对校内论坛和校外网站（如百度贴吧、微博、天涯等）进行监控和数据分析，分析学校当前的舆论情况，为学校舆论风险控制提供强有力的支持，防止事件进一步恶化，保护学校的声誉。具体功能如下。

将爬取回来的舆论帖子进行语义分析和判断，将舆论分为正向舆论、负面舆论、未定义三种类别，显示学校各类舆论帖子数量的发展情况，让领导了解舆论攻击较多的时间段以及舆论发展情况等。

2. 实现“重点事件跟踪”功能

对当前热点事件输入关键词进行实时跟踪，显示事件发展轨迹。比如，学校出现了自杀、服毒这类恶劣影响事件，需要对该事件进行重点监控，实时了解互联网上的发展动态，以判断是否需要提前干预与控制。学生的校内发展情况是学校教育的重要关注点，对于学生来说，全面掌握自己在校期间上网、消费、学习、图书借阅等情况，便于学生了解自身情况，从而更好地规划未来的大学生活。利用大数据采集与关联技术，采集校内教务信息、一卡通信息、图书管理系统等管理类业务系统的数据，采集后进行清洗、存储，在此基础之上将不同维度的信息关联分析，深度挖掘学生的兴趣爱好、特长以及个人优缺点，实时展现学生在校表现的动态情况，为全校学生行为轨迹和规律的分析提供支撑，有利于学校加强对学生的管理。

3. 实现“学习情况”功能

梳理和关联图书借阅、课程表、成绩等数据，将学生的学业进度、成绩趋势、成绩排名等学习情况，图书借阅情况，课程情况等学业情况可视化等。

4. 就业指导

“就业指导”模块建设，主要是通过构建历史就业分析、当前市场分析和就业预测模型，实现对学校重点专业与学生的教学与就业指导，以提高学生的就业质量为目标，创新校企合作模式。该模块根据学生、学校和企业三个不同的群体的需求进行深度开发，切实满足各群体的真实要求。

5. 学生综合预警

高校学生来源比较广泛，行为习惯参差不齐，管理难度相对较高，潜藏着很多管理隐患，然而，传统的信息化建设并未对学生异常行为进行主动式预警，而且，学校领导无法每时每刻都关注着学生的动态，这导致学校对学生管理很被动，无法及时掌控。

“学生综合预警”对学生校园卡消费数据、门禁考勤数据，学生学籍、培养等校务管理信息，以及图书馆借阅数据、校园网络使用数据等建立分析模型，对学生学业异常、行为异常等进行预警。

6. 学生行为画像

“学生行为画像”主要是根据用户的特性和行为数据建立标签，通过收集与分析学生基础信息、生活习惯、消费行为、学习行为等主要信息，基于学校的学生素质评价体系，为每个学生构建多个维度的行为模型，综合各个维度的情况，建立全校学生个人行为画像和综合画像，树立学校优秀学生的行为画像，宏观和微观展现学生各方面的情况。有利于学生了解自身整体情况以及和优秀学生的差距，有利于学校统筹规划学生的培养和管理。同时，分析每个学生的素质、技能的发展趋势和学校排名，剖析综合素质和专业技能上升和下降的原因，提供学生、班级和学院的目前素质状况、历史对比和排名对比的行为画像分析报告。

7. 学生大数据分析报告

“学生大数据分析报告”模块主要是将学生在校期间零碎的行为表现数据，结合本系统的“我的大学”“学生行为画像”等学生服务模块，分析学生一段时间内的消费、上网、成绩、自习等方面的情况，并且和自己历史情况、校内其他学生进行对比分析，发现学生学习的发展趋势并给出相应的建议，形成月度、学期、年度的学生大数据分析报告。同时，学生可以将数据分析报告分享到朋友圈，或者当作简历去企业应聘，真实客观反映学生的大学表现。

8. 健康分析

随着社会的发展、社会节奏的加快、社会压力的剧增，因心理疾病、精神障碍等原因，大学生伤害他人甚至自杀的事件时有发生，这已经引起全社会的高度关注。大学生心理危机事件一旦发生，对于校园安全，特别是学生安全具有极强的破坏作用，而处于危急状态的学生，容易出现负面的情绪、不同类型的心理问题和形式多样的行为问题，甚至导致极端事件。

“学生心理健康分析”主要从学生在校园生活与学习的复杂和多维数据中提炼有价值的信息，结合学生个人的消费记录、网络数据、门禁数据、Wi-Fi数据与相关的问卷调查等数据，为学校提供一个准确的心理健康预警服务，建立包括心理建档、宣传教育、危机预警和干预体系的全方位预警平台，预判有潜在心理风险的学生，及时给校方提供相关预警，为学校领导及时感知学生心理状况、预防学生心理危机提供重要可靠的保障。

9. 学生行为轨迹分析

近年来，由于信息技术的高速发展，高校的笔记本电脑、PAD、智能手机等大量无线终端变得普及，各种互联网应用如雨后春笋般涌现。为克服有线网络接入地点固定、无法满足移动性的局限，一些大学在校园中已经建设了移动、便捷、经济的 Wi-Fi 网络。校园智能 Wi-Fi 大数据服务平台在为高校师生提供便捷、绿色、安全的互联网接入的同时，可实现校园管理、轨迹追踪等大数据服务，促进智慧校园建设。现今，迫切地需要通过 Wi-Fi 与校内地图结合，实现对学生的行为轨迹分析。

10. 个性化推荐

校内所有人员都面临着各种各样的选择。在日常生活中，食堂等公共场所资源比较紧缺，为了避免高峰期，需要选择合适的使用时间；在成长发展中，为了提升自我人文素质和专业技能，需要选择符合自己兴趣爱好和未来发展的教学视频、图书等教学资源。但是，目前校内公共场所、图书等资源的使用情况和适用性不明确，无法根据个人情况进行针对性推荐。推荐系统和大数据技术相结合的方式，可以分析每个用户的情况，推荐相应的资源，充分发挥图书、学术报告、教学视频的学术价值，降低公共场所的拥挤，提高用户体验。

11. 图书借阅分析

建设图书分析功能模块，主要是在学校的图书管理系统、电子资源网站系统及学校其他系统相关数据的基础上，对不同读者个体某个时间段在图书馆的所有活动数据进行行为统计、分析、展示，通过将图书馆电子资源使用状况数据、入馆人员构成与其他业务部门数据进行跨域关联分析，分析电子资源的利用率、图书借阅的未来发展趋势，并且挖掘学校图书资源的热点跟踪和研究方向，从而整合全校的整体情况，得出学校图书借阅的合理度，便于学校有效引导学生的课外阅读，加强学生的专业学习。

全面展示电子资源的访问量统计，主动获取每年电子资源的访问量，分析每一类电子资源的访问量、分学科电子资源的访问量等；获取电子资源的下载量统计，分析挖掘每一份电子资源的下载量，掌握在校师生经常搜索和下载的资源类型，分析当前师生的研究方向及热点。同时，系统全面挖掘电子资源的使用情况，对学校以后图书资源采购计划提供决策时的数据支撑。

12. 就业大数据分析

利用大数据管理平台，高速、不间断、及时、全面、多层次、多维度地收集内部系统主体及外部宏观环境的数据信息，形成信息收集系统，同时，对收集到的数据信息进行分类存储和建模，形成庞大的数据库和参数模型库，为各类用户提供针对性的就业分析报告，包括市场人才需求分析、岗位符合度分析等。简单而言，大数据管理系统的引入为就业分析系统增加了一个强大的数据获取及集成平台，提供了更为准确、更为微观的分析手段。

13. 能源使用情况大数据分析

高校是能源消耗大户，建筑能耗具有耗能量大、类型繁多、节能潜力巨大等特点。因此，利用学校能源系统功能统计的数据，研究建筑能耗特性的评估策略、挖掘出能耗的影响因素以及师生能源使用习惯，创建高校建筑分类分项能耗的数学模型，进而建立能耗预测模型，对高校能源供给预测及节能建设提供建议。

14. 实现“网络访问情况”功能

通过碎片化采集学生上网信息，挖掘出学生网络使用习惯和课余知识涉及范围等信息，如基于学生访问网站类型，可知学生访问购物、游戏等网站的比例。

四、应用方案

（一）大数据教学创新

教育的核心要义是人才的培养，教育领域的大数据分析目的是通过对教学环节的各类数据分析、挖掘与预测，培养出更多优秀的学生。教育教学质量实时监测大数据平台，不但能够提供反映学校教育教学及学校整体发展准确现状的各类报告，还能够对未来发展进行预测，同时在发展过程中进行及时的预警和引导。

（二）大数据科研创新

高校内，各种研究活动产生了海量数据，科学研究活动已经进入大数据时代。数据密集型科学成为新的研究范式，科学研究已经离不开大数据技术的支撑。利用大数据技术对高校科研成果进行分析、挖掘和预测，可以为教师科研提供客观评价和科学指导，提升高校科研管理的效率，促进科研创新。

（三）招生分析

招生是高校管理工作中极为重要的一项，利用数据挖掘技术来辅助高校招生工作，挖掘数据中的潜在信息，提高高校招生工作的效率和决策水平，为高校管理、决策提供有力支持。

第三节　大数据在智慧校园发展中的应用

智慧校园建设涵盖教学环境、教学资源、校园管理、校园服务、信息安全体系等各个方面，每一层面都涉及数据统计和分析，因此推进大数据技术在智慧校园建设中的深度应用是相当必要的。大数据储存量大、信息量多、处理速度高等优势，可以为智慧校园建设中各项自动化工作提供支持，为学校未来的发展决策提供科学依据。

一、构建公共数据集成与共享平台，提高校内信息传递速度

大数据技术能够将学校管理和发展中涉及的各项数据进行深度挖

掘和处理，同时在云计算技术的帮助下，将收集到的信息和分析结果共享给全校师生。构建集成公共数据共享平台，可以加快校内信息传递速度，促进各部门之间的沟通交流，有利于打破高校内部信息孤岛格局，增强全校人员建设智慧校园的积极性，有助于更好地实现高校可持续发展目标。此外，大数据技术在高校科研管理方面也起到了相当大的作用。借助信息共享平台，科研部门可以及时获得相关资源和信息，分享最新研究成果，促进学术交流。

二、构建智能化提醒平台，适时对学生进行提醒

智能提醒是指利用云计算与大数据技术，对学生在学校中的学习情况和生活状况等各种相关信息进行收集和分析，通过智能平台及时向学生发出提醒。目前智能提醒平台设置有成绩管控提醒、实习就业提醒以及学风智能提醒，通过对学生各项考试成绩、出勤率等进行统计分析并适时加以提醒，可以有效地提高学校的管理水平和服务质量。

三、创设智能学习环境，改进课堂教学方式

运用大数据和云计算技术开发出的网络教学平台，为各学科提供了优质的教学资源，丰富了教学内容，改进了传统教学模式。学生可以通过电子设备随时随地查看教学内容，可以自主选择感兴趣的知识，有问题时可以通过在线反馈获取帮助。云课堂中，老师采取随测随交的方式对学生进行随堂测试，能够使学生用心听课。大数据技术的迅猛发展促进了教学理念和教学方式的信息化转变，使学习环境更加人性化、智能化，使课堂氛围更加活跃，极大地提升了教学成果。

四、采集、分析、处理海量数据，为学校管理提供决策支持

通过大数据、云计算等技术采集分析学校财务信息，可以清晰展

现各项收入、支出情况，为学校财务决策提供数据支持；通过分析学生学习成绩、就业方向和实习情况，可以了解人才市场需求，学校能够据此及时加强学科专业建设、优化课程内容，增加学生专业能力，提高就业竞争力；通过大数据技术分析研究历年招生情况，可以制订合理的招生计划，统计教职员工数量及比例情况，可以优化师资结构。

在智慧校园建设中，运用大数据等新型技术搭建信息共享平台，可以使学校管理层实时了解学校发展状况，可以使老师及时发现教学问题，可以使学生提高自主学习能力。随着信息技术的持续发展，智慧校园建设在学校管理中所占的比重也会越来越大，我们应不断提升大数据技术在智慧校园中的运用水平，使其更好地服务于现代化教育改革。

第四节　智慧校园数据中心的建设

一、“智慧校园”数据中心建设趋势

随着物联网、移动互联等技术的迅速发展与推广使用，高校中人员和校园资源交互的方式也在发生深刻的改变，已经由简单的人机互动，发展为人与人、人与资源、各业务系统之间通过各种移动设备、智能设备进行互动交流与数据传输。通过虚拟化及云计算等各种新技术将学校的教学、科研、管理与校园资源和应用系统进行融合，建立智慧化服务与管理的校园模式，已成为目前各高校信息化建设的一个主要目标。

“智慧校园”自身拥有庞大的数据资源，各业务系统也会不断产生大量的数据，各业务系统之间还要进行大量的数据交换，这些数据既有结构化的也有非结构化的，因此存放这些数据的数据中心就显得

非常重要。可以说存储于数据中心的数据是“智慧校园”的应用基础，能否建成一个成功的数据中心，是决定“智慧校园”建设是否成功的关键因素。

高校信息化起步较早，“智慧校园”数据中心大都是在原有数据中心的基础上进行建设和改造的。早期主要解决如何建设数据中心的问题，主要特点是数据中心端到端网络整合，即根据业务需求，基于开放标准的IP协议，完成对企业现有异构业务系统、网络资源和IT资源的整合。数据中心端到端网络的设计以功能分区、网络分层和服务器分级为原则和特点。通过多种高可用技术和良好网络设计，实现数据中心可靠运行，保证业务的永续性。

但以前高校业务系统存在着习惯性的烟囱式建设情况，业务系统或者基础设施以垂直体系建设，逐渐形成了资源与信息的孤岛，例如存在原有存储利用率不高、未来扩展困难等问题。这种传统的IT架构已经无法完全满足“智慧校园”新业务快速部署的要求，并且孤岛式的基础架构存在效率低下、成本高企、人力维护难度大、数据共享困难等情况。

而随着虚拟化技术的迅猛发展，越来越多的业务应用被迁移或者部署到虚拟化平台中。传统的应用孤岛式的数据中心模型扩展性差，核心资源的分配与业务应用发展不匹配，使得资源利用不均匀，导致运行成本提高、现有投资无法达到最优化的利用、新业务部署难度增大、现有业务持续性得不到保证、安全面临威胁。虚拟化通过构建共享的资源池，实现对网络资源、计算资源和存储资源的多种管理、规划和控制，简化管理维护流程，提高设备资源利用率，优化业务流程部署，降低维护成本。

采用存储虚拟化技术，可全面整合现有数据中心后端存储资源，打破不同品牌、新旧存储等限制，实现存储池化，面向前端提供统一的存储服务，为前端服务提供应用交付级别的存储管理，满足用户在性能、容量、可扩展性、高可用性等方面的要求，为高校未来业务发展和数据增长提供有力的支撑。

在高校信息化的发展中，数据安全开始变得越来越重要，因为数据中心承载着越来越多和越来越重要的应用和业务系统，绝大部分高校目前没有规划统一有效的保护策略。随着虚拟化和大数据的发展，传统的手工备份、磁带备份成为信息管理部门的一项繁重工作；并且，高校的日常教学与科研、文化与生活、校务与决策越来越依赖业务系统和应用。因此保证业务系统数据的安全，使核心应用及数据具备容灾功能，就变得十分迫切了。

适应“智慧校园”的新一代数据中心应具有应用安全与资源智能的特性。基于TCP/IP的开放架构，保证各种新业务和应用在数据中心的基础体系架构上平滑部署和升级，满足用户的多变需求，保证数据中心的持续服务和业务连续性。各种应用的安全、优化与集成可以无缝部署在数据中心之上。通过智能化管理平台实现对资源的智能化管理，资源智能分配调度，构建高度智能、自动化的数据中心。

在“智慧校园”环境中的每个人都希望能随时获取公共信息资源、发布个人信息，个人拥有私有网络存储空间，能对其进行有效灵活的管理，能对其中的资源进行共享。各种各样的“云”，为适应上述要求，在虚拟化的数据中心基础上迅速发展起来。

云的基本特征是动态、弹性、灵活，按需计算，传统的网络架构与技术虽然也能构筑云计算的基础平台，但是因此而形成的传统运行架构却无法支撑如此动态化的IT业务要求。它必然要求一种新的数据中心IT运行模式，将大量的计算资源以动态、按需的服务方式供应和部署。传统业务结构下，多种技术之间的孤立性（LAN与SAN）使得数据中心服务器总是提供多个对外IO接口，如用于数据计算与交互的LAN接口以及数据访问的存储接口，某些特殊环境如特定HPC（高性能计算）环境下的超低时延接口。服务器的多个IO接口导致数据中心环境下多个独立运行网络同时存在，不仅使得数据中心布线复杂，不同的网络、接口造成的异构还直接增加了额外的运行维护、人员培训管理等高昂成本投入，特别是存储网络的低兼容性特点，往往约束了数据中心的业务扩展。

传统应用对IT资源的独占性（如单个应用独占服务器），使得数据中心的业务密度低，有限的物理空间难以满足业务快速发展要求，而已有的系统则资源利用效率低下。而且，传统业务模式下，由于规模小，业务按需规划，业务应用部署过程复杂、周期漫长，难以满足灵活的IT运行要求。云计算这种变革性运营与服务模式，必须能够解决成本、弹性、按需增长的业务要求，并改进与优化IT运行架构。因此，云计算服务必然要求一种大规模的数据中心IT运行方式，这在极大程度上降低云计算基础设施的单位建设成本，大幅降低运行维护的单位投入成本。通过网络与I/O的整合，消除数据中心的异构网络与接口环境，云计算中心需要优化、简化的布线与网络环境。业务集中度和服务客户的数量远超过传统的数据中心，导致了高带宽的业务流。所以，为满足云计算的业务要求，统一的基础网络要素必然包括：超高速交换、统一交换、虚拟化交换、透明化交换。

“云”技术能很好满足“智慧校园”对大数据存储与各业务系统使用的要求，未来“智慧校园”的各种数据一定是存储分布在各类“云”中，各种“公有云”与“私有云”将共同构成“智慧校园”的数据中心。

二、“智慧校园”数据中心建设方案

（一）数据标准和代码标准建设

数据标准包含编码标准（人员编码等）、代码标准（职称代码、组织机构代码、专业代码）、元数据标准（数据表结构定义）以及代码流向和数据流向和标准。数据标准管理对各业务系统建设提出数据标准要求，代码标准的统一将增强业务部门对数据定义和使用的一致性，减少数据转换，促进系统集成。应在国家和教育部高校信息化数据标准和代码标准的基础上，结合学校自身校内标准和个性化需求，形成校内可执行的统一标准。随着业务系统的新建，以及数据的集成和利用，逐步迭代完善。

标准又分为核心校标和其他校标，核心校标主要是校区代码、教职工人员编码、统一人员编码、本科生编码、研究生编码、组织机构编码、专业编码等。在制定标准的同时，我们也需要同步制定各类管理规范，从而规范数据的各项流程，比如数据管理办法、标准代码编码规范、编码管理规范、组织机构管理规范、业务系统集成规范等。

（二）数据集成与共享接口

数据集成和共享之前，需要对全校各部门进行初步的流程梳理和业务调研，大致确定学校的数据总体情况。之后，通过数据集成工具将分散在各业务系统中的数据抽取出来，进入数据中心数据库，形成整个学校内唯一的、标准的和权威的数据集，从而实现数据的统一集成和标准化，解决业务系统间交互数据的问题。

数据共享接口面向服务体系架构，将数据封装成数据接口开放出去，供第三方开发者使用。第三方开发者可基于这些接口为师生提供各种数据应用。采用 HTTP 协议、数据 API 共享方式，可以减少对数据库的直接访问，满足实时、按需的共享需求场景。

（三）数据资源目录

针对学校信息化建设现状及目标，对现有数据资源以业务为维度，以表为单位进行资源开放，梳理形成学校核心数据资源目录。主要内容包括业务域、数据名称、数据描述、核心业务属性、数据规模、采集方式、采集频率等。数据资源目录可直观展示学校的数据治理集成成果，让后台的工作能展示到前台；可在线申请使用数据，更方便规范地使用数据；也可提供数据资源目录的查询检索功能，提供数据开放服务；连接数据生产者和消费者，让部门参与驱动数据质量提升与数据价值探索。

（四）数据质量检测

数据质量检测可以对业务系统集成过来的数据进行事后检测，找出数据存在的问题，包括数据集成问题、实施规范问题、源头业务系统本身数据质量问题。通过数据质量检查发现问题，推动业务系统数据的质量提升。检测可以设置相关的规则，比如空检查规则、代码检查规则、唯一性检查规则、文本检查规则等，也可以设置数据检测范围、检测时间等。

（五）数据运行监控

运行监控管理为数据管理部门提供系统的动态、异常情况、数据情况等。以图形的方式和通俗易懂的表现形式来展现系统的各种运行和异常情况，并且按照事件的重要程度，将最重要的信息展现在最醒目的位置，具体包含系统监控检测、数据集成监控、数据库监控、数据流向查询等。同时进一步反映业务系统集成情况、代码标准建设情况、数据现状情况、历史数据存储情况等建设成效。数据监控也可以暴露元数据检测、代码标准一致性检测、数据集成运行情况、数据质量检测等存在问题。采用图形化方式分层反映系统数据的拓扑关系，通过系统之间、表之间、字段之间等三个层次体现数据的“从哪来，到哪去”。

（六）数据决策支持

在数据中心积累了各类数据之后，我们就可以针对这些数据做各种程度的分析，从而为科学决策提供数据支持。比如可以进行学科情况分析、师资队伍分析、学生情况分析、资产情况分析、教学分析、科研分析、财务分析、招生分析、就业分析、图书分析、一卡通分析、上网分析等。

第六章　高校网络安全建设

第一节　网络安全概述

互联网正在成为我们这个时代不可或缺的基础设施，随着互联网与各个行业深度融合，“互联网 +”时代下，网络安全和信息安全正在成为公司、行业乃至国家维度上一个非常重要的话题。网络安全不再只是技术问题，更是业务以及管理问题。

一、网络安全的概念

网络安全是一门涉及计算机科学、网络技术、通信技术、密码技术、信息安全技术、应用数学、数论、信息论等多种学科的综合性学科。狭义的网络安全主要是指网络系统的硬件、软件及其系统中的数据受到保护，不因偶然的或者恶意的原因而遭到破坏、更改、泄露，系统连续、可靠、正常地运行，网络服务不中断。从广义来说，凡是涉及网络信息保密性、完整性、可用性、真实性和可控性的技术和理论都是网络安全的研究范畴。

国际标准化组织（ISO）对安全的定义是：为数据处理系统建立和采用的技术和管理的安全保护，保护计算机硬件、软件和数据不因偶然和恶意的原因遭到破坏、更改和泄露，保护信息的可用性、完整性和保密性，即最大限度地减少数据和资源被攻击的可能。

为加强网络信息系统安全性，对抗安全攻击而采取的一系列措施称为安全服务。安全服务的主要内容包括安全机制、安全连接、安全协议和安全策略等，它们能在一定程度上弥补和完善现有操作系统和网络信息系统的安全漏洞。关于安全服务与有关机制的一般描述，可参见 ISO 模型中的国际标准 IS07498 -2：《信息处理系统　开放系统互

连　基本参考模型　第2部分：安全体系结构》。该标准为开放系统互连描述了安全体系结构的基本参考模型，并确定在参考模型内部可以提供这些安全服务与安全机制的位置。IS07498－2中定义了五大类可选的安全服务。

（一）鉴别

此服务用于保证通信的真实性，正式接收的数据就来自所要求的源方，包括对等实体鉴别和数据源鉴别。数据源鉴别连同无连接的服务一起操作，而对等实体鉴别通常与面向连接的服务一起操作，一方面可确保双方实体是可信的，另一方面可确保该连接不被第三方干扰，如假冒其中的一方进行非授权的传输或接收。

（二）访问控制

此服务用于防止对网络资源的非授权访问，保证系统的可控性。访问控制可以用于通信的源或目的，或是通信链路上的某一地方。一般用在应用层，也可在传输层实现访问控制。

（三）数据保密性

此服务用于加密数据以防被窃听，服务可根据保护范围的大小分为几个层次，例如，可保护一定时间范围内两个用户之间传输的所有数据，也可以对单个消息进行保护或对一个消息中某个特定字段进行保护。

（四）数据完整性

此服务用于保证所接受的消息未经复制、插入、篡改、重排或重放，主要用于防止主动攻击。此外，还能对遭受一定程度毁坏的数据进行恢复。数据完整性可用于一个消息流、单个消息或一个消息中所选字段。

（五）不可否认

此服务用于防止通信双方中某一方对所传输的消息的抵赖。接受者能够证明信息的确是/否消息的发送者发出的，而发送者能够证明这一消息的确已被接受者接受了。

二、网络安全面临的威胁及其发展趋势

互联网蓬勃发展，网络规模不断扩大，人们的网络应用水平不断提高，网络成为推动经济发展和社会进步的巨大力量。与此同时，网络业务在发展的过程中也出现了许多新情况、新问题、新挑战，360公司发布的《2017年中国互联网安全报告》指出，在对197.9万个网站进行漏洞检查时发现，46.3%的网站有漏洞，其中，高危漏洞占7.1%，网站安全形势不容乐观。腾讯公司发布的《2017年上半年互联网安全报告》显示，仅2017年上半年，腾讯安全反病毒实验室在计算机端总计拦截病毒超过10亿次，平均每月拦截木马病毒近1.7亿次，相较于2016年下半年，病毒拦截总量增长30%。而在移动端，二维码成了最容易导致用户手机中毒的渠道。报告分析认为，恶意程序和木马病毒制作成本降低、传播渠道多样化是造成用户设备感染病毒的重要因素。

（一）导致网络不安全的主要原因

系统漏洞，黑客利用计算机操作系统的漏洞实施攻击，导致信息泄露丢失；

网络协议的开放性，TCP/IP协议栈作为因特网的基础，在最初的设计时，主要考虑传输的可靠性，未考虑安全问题，缺乏相应的安全机制，导致出现网络安全隐患；

人为因素，用户安全意识淡薄、操作不当，以及黑客攻击、计算

机犯罪等人为因素，为信息系统带来风险和损失。

（二）安全威胁类型

信息系统面临的某些因素（人、物、事件、方法等）导致的系统危害，我们统称为安全威胁。常见的安全威胁有以下几类：窃听，即攻击者通过监视网络数据获得敏感信息；重传，即攻击者先获得部分或全部信息，而后将此信息发送给接收者；伪造，即攻击者将伪造的信息发送给接收者；篡改，即攻击者对合法用户之间的通信信息进行修改、删除、插入，再发送给接收者；否认，即参与数据通信的实体，事后拒绝承认收到相关信息；拒绝服务攻击，即攻击者通过某种方法使系统响应减慢甚至瘫痪，阻碍合法用户获得服务；非授权访问，即没有预先经过同意，就使用信息资源；病毒、恶意代码，即恶意破坏计算机系统、窃取信息或秘密接受远程操控的程序。恶意代码由不良用户故意传播，隐藏在计算机系统中，包括：木马程序、计算机病毒、后门程序、蠕虫病毒以及僵尸网络等。恶意代码通过网络传播，破坏性非常强，而且很难防范。

这些安全威胁危及信息安全的不同属性：信息泄露危及机密性，篡改、伪造和仿冒危及真实性和完整性，否认危及不可否认性，网络攻击危及系统可用性，恶意代码则危及可用性、机密性及可控性等。

（三）网络安全技术发展趋势

随着物联网、云计算、大数据等新技术的应用，网络边界被拉伸模糊，新型攻击技术不断出现，如针对虚拟化技术的安全攻击，针对物联网硬件的安全攻击，以及各种各样针对 Web 应用的攻击等。未来的网络安全问题将更加复杂化，只有不断进步的网络安全技术才能应对新的安全风险带来的挑战。近年来，网络安全技术发展趋势如下。

1. 可信技术

可信技术用于提供从终端到网络的整体可信环境，是一个系统工程。具体包括可信对象、可信网络和可信计算。可信计算是在计算和通信系统中广泛使用基于硬件安全模块支持下的可信计算平台，以提高系统整体的安全性。

2. 云安全技术

目前云安全技术主要分两类，一类是云计算带来的安全技术演进，统一威胁管理 UTM，以及基于云计算技术的下一代防火墙 NGFW 等；另一类是基于虚拟化的云安全技术，如数据隐私管理、访问控制技术等。

3. 针对性的安全技术

旨在应对影响范围广泛，危害性强的网络安全威胁。如 Web 防火墙、反垃圾邮件网关、漏洞扫描设备等。

4. 网络空间安全概念

提出维护网络空间安全的，积极主动、综合防范的网络安全保障体系。网络空间新一代防御设计思路，以网络对抗性防御技术研发为依托，构建“协同预警、有效应急、强化灾备”全网动态感知能力体系，逐步实现网络安全防护从静态、基于威胁的保护向动态、基于风险的防护转变。1991 年 9 月《科学美国人》出版的《通信、计算机和网络》专刊中，第一次出现“网络空间”。美国国家安全 54 号总统令和国土安全 23 号总统令对网络安全的定义是：“连接各种信息技术的网络，包括互联网、各种电信网、各种计算机系统，及各类关键工业中的各种嵌入式处理器和控制器。在使用该术语时还应该涉及虚拟信息环境，以及人和人之间的相互影响。”网络安全的基础设施包含的范围非常大，底层包括现在的互联网，也包括控制系统、计算机的硬件和软件以及各种服务；在此之上包括光纤通信、各种通信技术以及上层各种各样的应用技术。

信息技术广泛应用和网络空间兴起发展，极大促进了经济社会繁荣进步，同时也带来了新的安全风险和挑战。网络空间安全事关人类共同利益，事关世界和平与发展，事关各国国家安全。习近平总书记围绕如何认识互联网、如何治理和发展互联网等重大理论和现实问题，提出了许多具有创见的思想，并从人类整体利益和共同命运的高度，为破解全球网络空间治理难题，推进全球互联网治理体系变革，贡献了中国智慧。

三、高校网络安全现状

从 20 世纪 90 年代起，现代信息技术广泛应用于高等教育的各个领域。国内高校纷纷开始了校园网建设。随着 CERNET 的建成和全面开通以及推进教育信息化、发展现代远程教育等战略措施的实施，校园网络基础设施建设和网络多媒体教学应用，逐渐成为数字化校园建设的主流。总结高校信息化建设过程，大部分高校都有“重建设、轻管理”的问题：过于关注信息化基础设施建设、出口带宽和各类应用等硬性指标，忽略安全方面的管理。随着信息化建设的发展、网络技术的更新换代和各级领导的重视，校园网络安全管理逐渐提上日程。根据搜索引擎关键词的搜索结果，对教育行业典型网络安全事件进行分析，高校网络安全事件分为如下几类：学生、教师基础数据泄露，学位、学历信息遭到篡改，考试成绩、高考志愿、招生录取信息遭篡改，网站遭篡改、贴反动标语，系统遭 DDOS 攻击，APT 攻击。

高校上网人数比例高，人员构成年轻，是思想教育工作的前沿阵地，网络安全问题高发、隐私泄露、数据丢失等问题，阻碍高校思想政治教育、宣传、招生等工作的完成，且造成不良社会影响。在当前形势下，增强校园网安全管理能力，提高网络安全管理效率迫在眉睫。2015 年 1 月 19 日，中共中央办公厅、国务院办公厅印发《关于进一步加强和改进新形势下高校宣传思想工作的意见》指出，要着力加强高校宣传思想阵地管理，要加强校园网络安全管理，加强高校校园网站联盟建设，加强高校网络信息管理系统建设。

中国教育科研网发布的《2015 高校网络信息安全调研报告》对教育部下属的 106 所高校的网络安全现状进行了调查统计，报告指出，高校专门从事网络安全的工作人员较少，71% 的高校偏重安全工作的人员投入都不到 2 人，甚至有 10% 的高校安全人员缺失。不过，也存在个别比较重视的高校，安全人员投入力量较大，但从全国总体来看普遍偏低。

从发展趋势上看，各校安全资金投入力度普遍在逐年增加。

在信息安全等级备案方面，仍有部分高校未完成相关工作。

随着云计算开放网络和业务共享场景的广泛应用，高校网络环境更加复杂多变，安全性挑战更加严峻。越来越多的攻击开始针对高校云应用，攻击者只要攻破一个云平台，就能获得大量用户的隐私和数据，所造成的危害远高于攻击单个网站。新型的云安全技术也开始成为高校用户关注的焦点，如怎样解决校园二级网站安全威胁、Web 安全防护等。中国教育科研网 2016 年 7 月发布的《高校应用服务安全调研报告》就高校云安全现状进行调研，报告中指出以下几点。

认为当前高校网络信息安全最重要的工作任务是 Web 安全防护的高校比例高达 74. 61% 。网站立体监控、应用安全评估也是学校比较重视的工作，认同该观点的高校比例分别为 57. 89% 、54. 18% 。等级保护也较受重视，比例为 45. 51% 。

认为当前高校网络信息安全管理的重要措施是防火墙的高校比例为 82. 66% ，其次是防病毒，比例为 66. 87% 。容灾备份、授权访问及各级准入控制也较受用户重视，比例分别为 57. 28% 、56. 04% 。数字证书、系统安全加固的关注度也较高，比例均在 35% 以上。

关注云安全在解决数据泄露问题上的应用的高校最多，比例为 52. 94% ，其次是恶意篡改，比例达 51. 39% 。管理和监控、DDoS 攻击、身份验证的关注度也较高，比例均在 40% 以上。系统漏洞利用也比较受学校关注，比例为 39. 01% 。

高校网络安全问题中，除黑客攻击、网络环境脆弱、技术缺陷等外部因素外，还存在安全意识淡薄、网络管理松懈等内部因素，因此，建立并完善以安全策略为核心，以安全技术为支撑，以安全管理和安全培训为重点的校园网安全防范体系，有效应对黑客入侵、网络监听、邮件轰炸、病毒感染、机密信息窃取等网络不良行为，是确保校园网安全、稳定运行的重要举措。

第二节　信息安全等级保护

信息安全等级保护工作包括定级、备案、安全建设和整改、信息安全等级测评、信息安全检查五个阶段。

一、信息系统安全保护等级的定级

信息系统定级是等级保护工作的首要环节和关键环节，是开展信息系统备案、建设整改、等级测评、监督检查等工作的重要基础。信息系统安全级别定级不准，系统备案、建设整改、等级测评等后续工作都会失去支撑，信息系统安全就没有保证。

信息系统的安全保护等级由两个定级要素决定：等级保护对象受到破坏时所侵害的客体和对客体造成侵害的程度。高校信息系统可根据办学规模、社会影响力、业务类型三个维度分析破坏造成的危害程度。

办学规模与危害程度分析。办学规模与信息系统受到破坏后的危害程度正相关，规模越大则危害程度越严重，高等学校信息系统大于中小学校信息系统。

社会影响力与危害程度分析。社会影响力与信息系统受到破坏后的危害程度正相关，影响力越大则危害程度越严重，“985”工程学校和“211”工程学校大于其他高等学校。

业务类型与危害程度分析。承载教育教学管理与服务核心业务的信息系统较承载一般业务的信息系统受到破坏后的危害程度严重。教育教学管理与服务的核心业务包括：学籍学历管理、学位管理、招生录取管理、考试考务管理、教师管理、门户网站管理等。

二、信息系统备案与受理

信息安全等级保护备案工作包括：信息系统备案、受理、审核和备案信息管理等工作。信息系统运营使用单位和受理备案的公安机关应按照《信息安全等级保护备案实施细则》的要求办理信息系统备案工作。

（一）备案

第一级系统无须备案，第二级以上信息系统，在安全保护等级确定后30日内，由校内运营、使用单位或者其主管部门（以下简称“备案单位”）到所在地设区的市级以上公安机关办理备案手续。备案时，应当提交“信息系统安全等级保护定级报告”以及“信息系统安全等级保护备案表”。

（二）受理备案

地市级以上公安机关公共信息网络安全监察部门，受理本辖区内备案单位的备案。隶属于省级的备案单位，其跨地（市）联网运行的信息系统，由省级公安机关公共信息网络安全监察部门受理备案。

（三）备案信息管理

公安部组织开发了重要信息系统安全监察管理系统，配发给各地，搭建一个部、省、市三级公安机关等级保护综合管理平台。该系统由部、省两级公安机关部署，部、省、市三级公安机关应用，为全国信息系统定级、备案和监督检查工作提供支持，为重要信息系统安全监察业务服务。对定级不准的备案单位，在通知整改的同时，应当建议备案单位组织专家进行重新定级评审，并报上级主管部门审批。对拒不备案的，公安机关应当根据《中华人民共和国计算机信息系统安全保护条例》等其他有关法律法规责令限期整改。逾期仍不备案的，予以警告，并向其上级主管部门通报。向中央和国家机关通报的，应当报经公安部同意。

三、信息系统建设整改

计算机信息系统规划、设计、建设和维护应当同步落实相应的安全措施。运营、使用单位应当按照国家信息安全等级保护管理规范和技术标准，使用符合国家有关规定，满足信息系统安全保护等级需求的信息技术产品，开展信息系统安全建设或者改建工作。信息系统建设整改应依据《教育系统信息安全等级保护基本要求》（以下简称《基本要求》），落实信息安全责任制，建立并落实各项安全管理制度，开展人员安全管理、系统建设管理和系统运维管理等工作，落实物理安全、网络安全、主机安全、应用安全以及数据安全等安全保护措施。

安全建设整改工作可以分以下五步进行。

第一步，落实负责安全建设整改工作的责任部门，由责任部门牵头制定本单位或本行业信息系统安全建设整改工作规划，对安全建设整改工作进行总体部署。

第二步，开展信息系统安全保护现状分析，从管理和技术两个方面确定信息系统安全建设整改需求。可以依据《基本要求》等标准，采取对照检查、风险评估、等级测评等方法，分析判断目前所采取的安全保护措施与等级保护标准要求之间的差距，分析系统已发生的事件或事故，分析安全保护方面存在的问题，形成安全建设整改的需求并论证。

第三步，确定安全保护策略，制定信息系统安全建设整改方案。在安全需求分析的基础上，进行信息系统安全建设整改方案，包括总体设计和详细设计。制定工程预算和工程实施计划等，为后续安全建设整改工程实施提供依据。安全建设整改方案须经专家评审论证，第三级（含）以上信息系统安全建设整改方案应报公安机关备案，公安机关监督检查备案单位安全建设整改方案的实施。

第四步，按照信息系统安全建设整改方案，实施安全建设整改工程，建立并落实安全管理制度，落实安全责任制，建设安全设施，落实安全措施。在实施安全建设整改工程的过程中，需要加强投资风险控制、实施流程管理、进度规划控制、工程质量控制和信息保密管理。

第五步，开展安全自查和等级测评，及时发现信息系统中存在的安全隐患和问题，并通过风险分析，确定应解决的主要问题，进一步开展安全整改工作。

建设整改工作的最终目的是提高信息系统安全管理水平，提升信息系统安全防范能力，减少安全漏洞和安全故障，保障信息化健康发展，维护国家利益和社会秩序。

四、信息系统安全等级测评

信息系统安全等级测评是验证信息系统是否满足相应安全保护等级的评估过程。信息安全等级保护要求不同安全等级的信息系统应具有不同的安全保护能力，一方面，应在安全技术和安全管理上选用与安全等级相适应的安全控制；另一方面，分布在信息系统中的安全技术和安全管理上的不同的安全控制，通过连接、交互、依赖、协调、协同等相互关联的关系，共同作用于信息系统的安全功能，使信息系统的整体安全功能与信息系统的结构以及安全控制间、层面间和区域间的相互关联关系密切相关。

因此，信息系统安全等级测评在安全控制测评的基础上，还要包括系统整体测评。

信息系统建设完成后，运营、使用单位或者主管部门应当依据《信息系统安全等级保护测评要求》，定期对信息系统安全等级状况开展等级测评。第三级信息系统应当每年至少进行一次等级测评，第四级信息系统应当每半年至少进行一次等级测评，第五级信息系统应当依据特殊安全需求进行等级测评。

经测评或者自查，信息系统安全状况未达到安全保护等级要求的，运营、使用单位应当制订方案进行整改。

第三节　高校网络安全建设策略探析

一、高校网络安全技术保障措施

高校常见网络安全措施如下。

第一，物理安全技术措施。机房须按照国家和学校规定，安装符合要求的避雷装置、灭火和火灾自动报警系统；采取防雨水措施，防止雨水、水蒸气结露和地下积水；设置温、湿度自动调节设施，控制机房温、湿度在设备运行所允许范围之内；保证双路供电，电源线和通信电缆应隔离，避免互相干扰；采用接地方式防止外界电磁干扰和设备寄生耦合干扰。

第二，网络安全技术措施。网络核心交换机、路由器等网络设备要冗余配置，合理分配网络带宽；建立业务终端与业务服务器之间的访问控制；财务管理系统、校园一卡通管理系统等涉及校内资金管理流通的信息系统，应搭建专用的软硬件平台和专用传输网络，实现与校园网的物理隔离；加强校园网出口安全防护和监测，采用防火墙和入侵防护设备（IPS）对网络边界实施访问审查和控制，边界日志保存时间应大于六个月。

第三，主机安全技术措施。对提供互联网信息服务的服务器，使用单位应落实开启日志、防病毒、防黑客攻击的措施；信息系统使用单位应加强信息系统的账号管理和权限管理，规范系统管理员账号和特权账号的密码设定规则，避免使用过于简单的密码，并做到定期更换；管理员账号和特权账号不得交予他人登录系统；信息系统授权应采取最小化授权原则，不得授予超出工作范围的信息系统管理与操作权限。

第四，数据安全技术措施。制订备份与恢复计划，根据业务实际需要对重要数据和信息系统进行备份，定期测试备份与恢复计划，并确保备份数据和备用资源的有效性。

第五，管理与监督。任何单位和个人，不得私自设立互联网服务器或自建联网的应用系统；需要开设联网信息服务的单位，须向学校提出书面申请，通过技术评估、备案后方可对外提供服务。定期利用扫描设备或委托第三方安全评测机构，对校内信息系统安全性进行安全检查和评测，发现安全隐患较为严重的信息系统，对其主管单位提供安全检测报告和整改要求。接到报告后，主管单位须立即组织人员进行整改、修复和加固，不能达到整改要求的，可关闭其对外服务，整改合格后系统方可上线运行。深化信息安全监测手段，扩展监控范围，实现对各类网络及边界、网站及应用系统、终端以及密钥使用情况等的全方位、实时安全监控，做好信息安全监测预警、指标发布及深化治理工作。

二、智慧校园大数据安全及隐私保护

（一）大数据中的用户隐私保护

大量事实表明，大数据未被妥善处理会对用户的隐私造成极大的侵害。大数据关键在于数据分析和利用，但数据分析技术的发展，对用户隐私产生极大的威胁。在大数据时代，想屏蔽外部数据商，挖掘个人信息是不可能的。

（二）大数据依托的非关系型数据库（NoSQL）缺乏数据安全机制

从基础技术角度来看，大数据依托的基础技术是NoSQL。

（三）软件后门也会成为大数据安全的软肋

在软件定义世界的时代，云计算是大数据的基础，软件是IT系统的核心，也就是大数据的核心，所有的后门可能都是开放在软件上面的。

（四）文件安全面临极大挑战

文件是整个数据和运行的核心，大多数的用户文件都是在第三方的运行平台中存储和处理的，这些文件往往包含了很多部门和个人的敏感信息，安全性和隐私性自然成为重要的问题。

（五）大数据存储安全问题

大数据会使数据量呈非线性增长，复杂多样的数据集中存储在一起，多种应用的并发运行以及频繁无序的使用状况，有可能导致数据类别存放错位的情况，造成数据存储管理混乱或导致信息安全管理不合规范。

（六）大数据共享安全性问题

如何分享私人数据，才能既保证数据隐私不被泄露，又保证数据的正常使用？

要想从根本上保护大数据信息安全，应当优先考虑从大数据技术的使用、平台建设、运行管理、风险评估等各个方面来完善数据安全管理体系的标准建设。数据安全管理体系架构自下而上分为数据分析层、敏感数据隔离交换层、数据防泄露层、数据脱敏层和数据库加固层。

（七）智慧校园大数据安全管理平台技术支撑

数据安全分析技术，以安全对象管理为基础，以风险管理为核心，以安全事件为主线，运用实时关联分析技术（如 Hadoop、Spark、HDFS、MapReduce 等）、智能推理技术和风险管理技术，通过对海量信息数据进行深度归一化分析，结合有效的网络监控管理、安全预警响应和工单处理等功能，实现对数据安全信息的深度解析，最终帮助企业实现整网安全风险态势的统一分析和管理。

敏感数据隔离交换技术。利用深度内容识别技术。首先，对用户定义为敏感、涉密的数据进行特征的提取，可以包括非结构化数据、结构化数据、二进制文件等，形成敏感数据的特征库，当有新的文件需要传输的时候，系统对新文件进行实时的特征比对，敏感数据禁止传输。其次，通过管理中心统一下发策略，可以在存储敏感数据的服务器或者文件夹中利用用户名和口令主动获取数据，对相关的文件数据进行检测，并根据检测结果进行处置。

数据防泄露技术，主要采用软件控制、端口控制等有效手段对计算机的各种端口和应用实施严格的控制和审计，对数据的访问、传输及推理进行严格的控制和管理。通过深度内容识别的关键技术，进行发送人和接收人的身份检测、文件类型检测、文件名检测和文件大小检测，实现对敏感数据在传输过程中的有效管控，定时检查、事件安全事后审计，防止未经允许的数据信息被泄露，保障数据资产可控、可信、可充分利用。

数据加密技术。为了保证大数据在传输过程中的安全性，需要对信息数据进行相应的加密处理。通过数据加密系统对要上传的数据流进行加密，要下载的数据同样要经过对应的解密系统才能查看。

数据库安全加固技术。数据库安全加固技术的核心为数据库状态监控、数据库风险扫描、数据库审计、数据库防火墙和数据库透明加密技术。通过构建数据库安全加固平台，以“第三者”的角度观察和记录网络中对数据库的一切访问行为，从源头保护数据，建立纵深防护体系。

大数据带来了新的安全问题，但它自身也为寻找解决信息安全的技术带来了新的思路。大数据时代，各类数据信息安全威胁不尽相同，只有不断地进行技术创新，提前预防预警安全风险，才能实现安全可视的目标。

第七章　高校信息化建设的机制和资源保障

第一节 高校信息化管理机制的改革探索

一、信息化环境下学校管理理念的革新

管理理念是管理的总指导思想，它是人们对管理的权力分配、管理职能的配置、权力主体的地位和作用的看法的总和。学校信息化管理不仅要求学校管理者引进信息技术辅助管理学校的各项工作，提高管理工作的效率，更要求学校管理者用信息化的管理理念对学校管理工作进行调整。学校管理层有什么样的管理理念，就有什么样的管理和决策行为，就会设计什么样的管理组织和制度，就会使用什么样的管理手段和技术。在学校管理系统里，管理理念是统领，它对学校的管理有着十分重要的作用。实现学校的信息化管理，学校管理人员需要转变或建立以下几方面的管理理念：

（一）“以人为本”的管理理念

传统的行政性管理以人为管理对象，强调人在管理流程中的服从。信息化管理以信息资源为管理对象，人成为服务对象和管理的目的，强调完备的信息应用和服务对人要求的全面满足。

在信息化管理机制中，管理重心从传统的人、物管理范式变为信息资源管理范式，即通过信息流调节人与物等教育资源流动的数量与方向，行使计划、组织、指令、协调和控制等职能。重心的转移使信息化管理理念更加突出人的因素，人是信息管理中最本质、最活跃的因素，信息化管理机制中的决策要靠人，管理执行要靠人，管理对象和目的最终也是服务于人。因此，“以人为本”将成为学校信息化管理的核心理念。

学校管理中的“以人为本”，是在借鉴现代企业管理中的“人

本”理念的基础上建立起来的，核心是视教师和学生为人本身来看待，张扬其人性，尊重其人格，善待其人为，开发其人智，释放其人能，等等。以人为本的“人”不但指管理客体，也包括管理主体，要求两者融为一体，学校管理是人的管理，也是对人的管理。在学校管理过程中，全体人员都是学校管理的主体，都要积极而自主地参与学校管理过程。

“以人为本”的管理理念要求确立学校管理的全员主体化。明确学校管理者、教师和学生作为学校管理实践活动的承担者（即管理主体）都具有管理主体性，使学校管理者认真进行管理，教师和学生积极参与管理，以充分调动师生教和学的积极性、自主性和创造性。彻底改变以往的随机管理和行为管理，以目标为动力，并通过目标的分解来推动目标管理，提高学校管理的效率和效果，推进科学管理制度的建立。

“以人为本”的学校管理还要求管理活动应以“人”为中心，充分尊重人、依靠人，凝聚人的合力；“以人为本”的教师管理，注重激励教师的需求，发展教师的专业化，为教师专业发展提供平台，塑造高素质的教师队伍；“以人为本”的学生管理，尊重学生身心发展规律和个性差异，充分发挥每一个学生的潜能，强调实现学生的全面发展。

（二）分散的权力意识

学校作为一个教育行政组织具有理想组织的基本特征，即学校管理具有严格的等级结构，并且要保持一个合理界定的权威等级，即校长——教师——学生，同时，在学校管理中建立规章制度来保证和巩固组织内各层次和人们之间的协调一致。建立在这种科层制基础上的传统学校组织表现为一种权力、资源与信息的垂直分化格局，并且由于信息分布不均匀以及流通有限，掌握大量信息的往往是学校的管理者，学校的管理权力主要集中在最高管理层手中。这样的管理是集权式的管理，可能不利于发挥学校组织成员的积极性和主动性，无法激发他们参与学校管理工作的热情。

在信息化的管理环境中，崇尚以人为本的自主管理，人创造组织并且控制和支配其他资源。学校管理的动机和原则建立在促进教职工和学生自我管理的基础上，发挥人的主动因素。所以，学校权力结构由集权向赋权发展、由科层制向分布式发展。

“以人为本”的管理理念必然对学校管理提出赋权的要求，只有权力分散才可以减少信息流通和工作环节中的人为阻塞，提高管理的效率。信息技术和网络技术大大淡化了学校管理层级的区别，信息化的网络平台还为学校内部创造了平等交流与对话的平台和隐私的空间。在这个平台和空间里，学校管理可以由组织成员参与并讨论，管理者在做出决策之前可以充分了解民意。教职员工可以通过网络投票或者电子建议直接或间接参与学校管理。学校管理民主程度的扩大无形中也增强了组织成员对学校的归属感，每位参与者都会把自己与学校的发展联系在一起。信息化管理使学校组织重视横向的沟通与协作，将获得支持与管理目标联系起来，重视权力的分散，促进组织自我管理和民主管理的实现。

从权力、影响力以及人们的认识上来说，校长在学校是居于首位的，但是校长本人需要清楚，绝对的权力在学校中是不存在的，各个部分之间的互动、协调才是彼此关系的本质，最终形成的还是一种互联、互通、互相制约、互相促动的网络化的管理模式。因此，当校长着眼于如何领导学校充分体现教育信息化带来的效能时，需要系统性思考如何通过管理这样一个互动的系统激发学校组织成员的责任心与主人翁精神，将学校发展的前途命运与每个成员紧密相连，从而提高学校管理的绩效。

（三）扁平的权力结构

传统的学校组织结构一般以金字塔形为主，这里的管理主要是刚性管理，即凭借制度约束、纪律监督、惩处、强迫等手段，根据成文的规章制度依靠组织职权进行的程序化管理，是“以规章制度为本”的管理。这样的结构在传统工业社会中具有一定优势，但在信息化时代背景下则呈现出分工过细、管理幅度过小、层次重叠等弊端，对新的环境反映呆板、僵化，压抑组织成员的发展。

信息化环境下的学校管理，每个人都有多种渠道可以获取各种信息，都有可能具备他人没有的管理资源，而不再像传统的学校管理中那样，信息都是由上级到下级的单向传输，这构成了学校分权管理和权力结构扁平化的现实条件；同时，信息化的学校管理涉及更多领域，对技术的专业化要求也更高，校长一人很难熟悉并解决所有领域的问题，也未必具备必需的技术知识，因此，有必要把具体的事务性工作交给特定的具备相应能力的人去做，而自己有更多的时间和精力去统筹应对全局工作。因此，学校组织结构逐渐向扁平化、交叉分工的方向发展，组织管理层次减少，管理幅度扩大，更具有机动性、灵活性、适应性。

这样，学校管理利用信息技术连接校园内部各个管理部门，学校信息的传递不再是一种垂直层级格式，而是一种网络互联模式，呈现出一种扁平化的特征。扁平化的趋势意味着学校各组织部门的职能由专业分工转向交叉分工，校园结构复杂性被转换成为员工知识、技能结构的复杂性，并由校园内部的庞大知识管理系统予以支持。

二、信息化环境下学校管理制度的革新

在一定的管理理念指导下建构的管理制度，对于管理行为的贯彻、管理目标的实现和学校工作绩效的达成都至关重要，学校管理制度为人才培养提供了一种质量保证的组合模式和激励约束机制。

（一）学校信息化管理的 CIO 机制

在信息化环境下，学校管理制度需要从传统的管理制度向现代化的、

先进的、科学的管理制度转变，实现制度创新，真正实现“以人为本”的管理理念，在这个过程中可以借鉴企业管理的成熟经验。联合国教科文组织早在1972年的《学会生存》中就曾指出：“最近的各种实验表明：许多工业体系中的新管理程序，都可以实际应用于教育，不仅在全国范围内可以这样做，而且在一个教育机构内也可以这样做。”因此，可以在学校的信息化管理中设立CIO（信息主管）体制。

CIO是Chief Information Officer的缩写，一般译作首席信息官。美国权威的*CIO*杂志认为：“CIO是负责一个公司（或企业）信息技术和系统的所有领域的高级官员。他们通过指导对信息技术的利用来支持公司的目标。他们具备技术和业务过程两方面的知识，具有多功能的概念，常常是将组织的技术调配战略与业务战略紧密结合在一起的最佳人选。”

在企业领域，CIO体制已相当成熟。CIO不只是企业的技术主管，他还通过融入企业的管理层考虑企业的战略发展问题，尤其可为如何利用信息技术实现企业长远发展提供专业建议和业务支持。

在教育领域，CIO体制还是一个新鲜事物，但在信息化发展程度较高的美国，已经有许多高校设立了CIO职位，以此来从总体上对学校的信息化建设负责。从整合资源和信息化管理专业化这两个方面来看，建立CIO体制是信息化环境下学校实现管理革新的大势所趋。

（二）学校信息化管理的必备要素

学校信息化管理制度的完善需要几个必备要素。

1. 信息化领导

在学校信息化管理过程中，学校的信息化领导对学校信息化发展的方向和质量起着重要作用。学校信息化领导不仅包括学校的领导者，还包括信息化领导机制。

学校的领导者主要指校长，校长是学校信息化管理的领军人物，是学校信息化管理方案、措施的主要决策者和实施者，校长的信息意识和信息素养对学校信息化管理的顺利进行有着重要的影响。

但是，学校信息化建设和管理并不能仅依靠校长的个人行为，它是一个群策群力的过程，还应该包括学校信息化的领导机制，即学校的 CIO 机制。在学校领导层中设立具备专业素养和创新意识的信息主管，建立有效的信息化管理的负责机制，可以从管理和制度上共同推进和保障学校信息化管理的进行。

2. 学校信息化人才

学校信息化管理的实现不仅需要信息化的领导，还需要学校中每个成员在管理过程中配合和支持，成为学校信息化的合格建设者和拥护者。学校领导、技术人员、普通成员对于学校信息化的作用不同，需求也不同，但如果普遍缺乏对学校信息化的基本认识和对信息化管理的基本了解，缺乏对信息技术的操作能力，学校信息化管理就难以达到高水平。学校要进行信息化的发展就要储备信息化人才。教师是学校的重要人力资源，也是学校信息技术的主要使用者和学校信息化管理的主要受益者，所以要提高教师的信息技术水平，普及教师的信息知识，建设教师队伍使其成为信息化人才的主要力量，还要引进专业信息技术人才，发挥信息化人才在推动学校信息化过程中的重要作用。

3. 学校信息化的技术设备

学校信息化管理离不开信息技术设备的支持。学校信息化的技术设备实质上就是学校信息化管理所需要的一切物质条件和技术基础，信息化的技术设备为学校信息化管理创造良好的环境，提供技术的支持。学校信息技术设备包括硬件设备和软件设备两方面内容。硬件设备是以多媒体教室、校园计算机网络和 Internet 网络为代表的信息化教育管理的基础设施，软件设备包含以多媒体技术、网络平台技术、远距离通信技术、多媒体课件开发等信息技术为支撑的网络课程、电子教材、电子学习包等学校教育资源。信息技术设备是学校信息化管理的前提和基础，学校信息化管理就是利用信息技术科学合理地配置学校教育资源，协调学校管理，利用信息技术设备的及时、准确、便捷等优势，提高学校教育管理工作的效率和教育资源的利用率。

4. 学校的教育信息

信息是教育信息化管理活动中不可缺少的“特殊的物质资源”，教育信息化管理过程的每个阶段和环节，都离不开信息的收集、处理、传递和反馈。现代社会，信息已经发展成为教育信息化管理过程中物化了的控制手段，甚至成为教育信息化管理中主体权力的重要因素之一。教育信息化管理过程中“信息流”的闭合与畅通度，已经成为提高和衡量教育信息化管理效益的重要标志。教育信息是学校管理的对象之一，在学校管理中，教育信息主要是指可以反映学校管理活动变化和发展的各种情报、资料、数据等的总称，包括教师信息、学生信息、学校教育资源、教育方针、教育政策法规以及学校管理过程中的反馈信息，等等。学校信息化管理通过对学校各种教育信息的收集、处理、分析，了解学校发展的现状，及时协调学校管理过程中存在的问题，控制学校的管理活动，实现管理职能。

三、信息化环境下学校管理技术的革新

管理技术是指用来提高管理效率的方法和手段。学校管理目标的设立、内容的安排以及管理过程中各个环节的运作，都有许多技术问题需要解决，管理技术贯穿于学校管理过程的各个环节。在学校管理过程之中，管理技术体现的是一种工具价值，所以管理技术的提高往往表现在管理工具的先进性上。如果有先进的管理工具，就可以节约学校管理（决策）的成本，提高管理（决策）的效率。在信息化环境下，学校管理的技术手段呈现出网络化、智能化、虚拟化、交互协作等一系列具有鲜明时代特点的特征。

（一）学校管理技术网络化

信息技术不仅为学校管理者提供了丰富的信息资源，也使学校管

理呈现出网络化的形态。网络化管理是指学校各项管理工作依托互联网络，针对原来离散的工作状态和传统人工管理方式，对通信技术进行改良，使信息传输渠道具有高效能传输、高资源共享、高技术支持的网络形态。

信息时代，学校的教育资源极其丰富，但在传统管理方式下难以实现资源共享。信息化的学校管理帮助管理者解决了这一难题，它以信息技术为支撑，通过引进网络化、自动化的管理系统，为学校的教育资源和管理信息提供良好的运行环境和处理平台。学校信息化管理改变了传统人工管理模式下各类信息资源自立门户、分而治之的状态，可以将学校的各种教育信息、教育资源信息、管理工作信息等融为一体，形成纵横交错的网络。这种融合和交错不仅仅指它们都分别采用了自动化的管理技术，更是指这些信息资源通过网络融为一体，形成一个包括各种信息资源在内的学校教育信息资源库，实现真正的信息共享。

（二）学校管理技术智能化

智能化管理是学校信息化管理的另一个显著特征。智能化教育信息系统是在多媒体计算机技术中融入人工智能技术，再结合认知心理学而创立的，它可以扩展人类的智慧，实现脑力劳动的自动化，还可以实现人机通讯的自然化，重复而繁杂的任务可以由智能化系统替代。智能化还可以与人类智能相似的方式做出反应，帮助管理者在各种复杂的问题情境下做出科学的决策，提高管理决策的正确性。

智能化的管理技术简化了繁重的学校管理工作，不仅可以实现对教学过程的科学控制，合理地测量和评价教师、学生的教学及学习效果，而且可以提高管理工作的效率和自动化程度；信息化管理系统的智能身份识别和自动监测，可以发挥信息技术安全、实用的特点，保障学校工作的顺利进行；为学校的管理者和决策者设计的专家智能决策支持系统，可以自动获取学校管理网络中各个部门的数据信息，对纷繁复杂的学校信息及数据进行汇总和智能分析，结合系统中专家知识库的分析，帮助管理者系统、整体、全局性地解决问题。智能化管理将使学校信息化的管理过程更加人性化，提高教学质量和管理效率，给学校管理带来全新的面貌。

（三）学校管理环境虚拟化

学校的信息化管理创造了虚拟的管理环境。虚拟化管理环境是建立在非现实环境的基础上的管理活动。学校虚拟化是利用多媒体技术、信息技术使得设备一体化，根据提供的多元信息，将真实的活动场景和管理环境虚拟化，使管理活动可以在很大程度上脱离物理时空的限制。

网络信息技术的广泛使用推动学校管理的信息化，为人们的交流提供了一个虚拟平台。虚拟的管理环境不仅缩短了人与人之间的距离，为管理部门的交流消除了时空限制，减少了信息传递过程中可能造成的失真、遗漏，同时也动摇了传统学校存在的物质基础，为师生提供了超越时空的沟通环境，实现开放和无边界的学校教育信息交流，达到信息沟通流畅、管理顺畅的目标。例如，教师网络课程管理平台，通过远程的操作控制就可以对不同时空的学生进行教学和管理，不仅没有地域和时间的限制，而且创造出更多的教育管理场所。教师还可以通过交互式多媒体工具轻松完成网上答疑、辅导、讨论、考试等工作，及时了解本班级学生的学习效果，掌握教育的最新发展趋势和需求，保证学校教育管理工作的持续。

（四）学校管理技术的交互与协作

学校信息化管理具有交互性和协作性。交互是指信息沟通或管理过程中的交流与互动。协作即协同工作，是指在管理活动中每一个参与者都各司其职、各负其责、相互配合，共同完成好工作。

学校信息化管理的交互性主要表现为学校管理工作过程中信息双

向的传递。在传统的学校管理模式下，信息传递一般是从上至下的单向流通，这样的管理方式缺乏对信息的及时反馈，不利于管理活动的进行。信息化学校管理为学校管理工作提供的交互平台，使传播信息和接受信息的各方可以进行实时通信，帮助学校管理者根据信息反馈来调整自己的管理方式和程序，为学校的各个部门及时沟通信息、协调工作提供帮助。信息技术的交互性使教育信息化管理主体和客体可以面对面地交流，这种交互性也突出地表现为协作性。为了完成某一个任务或者目标，各方面往往不是单独开展活动，而是相互沟通与协作，共同来完成任务，实现自身需求。学校管理工作的顺利开展需要学校各个部门和每位员工的支持配合，信息化学校管理将创造更多沟通、协作的机会和条件。

第二节　信息化环境下的高校管理体制探索

一、学校信息化管理的 CIO 体制

学校信息化管理的 CIO 体制是一种全新的教育管理体制与思想，随着信息化的深入发展，CIO 不仅作为一种新型的信息管理者，也作为一种管理体制，受到了教育界的普遍关注。学校信息化管理要求学校建立和完善教育信息化管理的 CIO 体制。

在学校信息化建设初期，许多学校都建立起相当规模的计算机网络，但就其信息处理能力、信息利用能力和管理功能、决策功能而言，往往都还处在粗放经营的阶段。这表现在数字信息资源不能有效为教学、科研提供高质量服务，学校的技术部门与管理部门往往是处于相互封闭的状态，对于信息的收集和处理工作难以开展。管理部门的分析决策也往往无法有效利用信息资源。CIO 体制之所以能够强有力地推进学校信息化管理的进步，关键在于：通过对组织内信息管理

工作的反思和重构，深入挖掘 IT 技术的战略价值。CIO 体制有效提升管理的效率与效果，最终从制度层面创造出一股促进组织持续发展的强大动力，更好地达到组织的目标。只有确立了学校信息化的管理机制，才能有意识从学校管理的角度收集和分析信息，并应用到学校的管理决策中，系统推进学校信息化管理的实现。

（一）学校信息化管理的 CIO 体制模型

学校信息化管理的 CIO 体制，就是在学校领导层中设立具备专业素养和创新意识的信息主管，这个信息主管由校长领导，向上为学校领导和管理决策层提供关于学校信息化建设和管理的专业意见，向下统一管理学校各级信息服务部门和信息技术机构。担任学校 CIO 的人员应该既熟悉学校管理和教育规律，又具备信息技术的专业知识和业务能力。

基于 CIO 的信息化管理体制是学校组织内部自上而下建立的比较完善的管理体系，除了明确 ClO 的具体责任和权利，还需要在学校各级部门中设立信息技术和信息化管理的负责人，形成一套有效的负责机制，建立稳定的学校信息化管理体系，这个管理体系协同作用，共同为学校的信息化管理和信息化建设提供技术支持服务。

所以信息化管理的 CIO 体制绝不仅仅是一个或几个岗位的设立，或者某些管理规则的修订，而是一次深入、全面的学校管理体制变革。通过设立全面负责信息化工作的校级专职领导职位，从岗位授权逐步深入到原有管理体制的变革，最终建立信息化的管理机制，以保证学校信息化建设与管理始终与学校教学改革与发展的目标相互配合，为学校信息化建设和信息化管理工作全局性、战略性的开展提供切实的制度保障。

（二）学校信息化管理 CIO 的主要职责

CIO 是学校的信息主管，是学校的教育技术专家、资源管理专家和人力资源专家，在学校信息化管理中具有举足轻重的作用。因此，信息主管应具备先进的教育理念、管理创新意识、扎实的业务知识和能力，能对现代教育媒体环境下的教学过程和教学资源进行开发、设计、利用、管理和评价。在推进学校信息化管理的过程中，学校 CIO 主要有以下职责。

1. 管理学校信息资源与技术

学校 CIO 全面负责管理学校的信息资源与技术。CIO 负责制定一套适合本校情况的全面的信息政策和制度、标准规范、程序和方法，并以此实现对信息资源的综合管理。学校 CIO 部门要全面掌握学校信息化建设与信息化管理的实施情况，并从管理的角度有意识地对学校的资源进行规划，了解最新的技术发展，保证学校信息化管理的顺利实施。

2. 参与学校管理决策

作为学校高层管理人员，CIO 可运用信息优势，参与学校的重大决策，帮助制定学校发展规划，提高学校的管理水平，促进学校信息化发展。通过完善学校信息化管理的 CIO 体制，选拔一批有创新意识的人才进入管理队伍，让专业的人才指导学校管理，有效利用学校资源并在资金有限的情况下获得高质量的信息化建设，保证学校信息化建设和发展目标相互配合。

3. 协调各部门信息化工作

学校 CIO 部门负责协调学校各组织部门之间的信息沟通和任务协作。通过充分了解学校其他部门的业务流程、发展目标以及对信息服务的需求，CIO 部门为其他部门提供信息咨询和服务，管理学校组织的信息集成，并据此指导信息技术部门的工作，协调各个部门之间的沟通，使学校组织信息化管理成为一个有机的系统。

二、学校信息化管理的主要内容

学校的信息化管理并非只是简单地利用信息技术处理学校信息，更重要的是利用信息技术的数据管理和信息处理能力来支持学校的管理职能，对学校各项工作状态进行决策、监测、调控、评价，实现管理的现代化。总体而言，学校信息化管理的内容主要包括：信息化教学管理、信息化学生管理、信息化人事管理以及信息化总务后勤管理。

（一）信息化的教学管理

自从学校组织产生以来，教书育人就是学校组织的重要任务，教学管理就是学校管理的重要内容之一。

教学管理就是运用管理科学和教学论的原理、方法，充分发挥计划、组织、协调、控制等管理职能，对教学过程各要素加以统筹，使之有效运行，提高效能的过程。教学管理是学校教育教学正常运行的基础。传统的学校教学管理主要是针对教学思想、教学计划、教学活动等进行的常规教学管理，教育信息化给学校教育理论、教育内容、教育方法带来许多新的变化，在此背景下学校教学管理也发生了相应的改变。

信息化的教学管理是利用计算机的数据管理和信息处理功能来支持教师的教学管理职能，帮助他们监测、调控、评价和指导学生的学习过程，并且为他们提供有助于有效教学决策的重要信息，以便提高教学活动的效果与效率。信息化教学管理利用信息技术将学校教学系统中的教师、学生、教育信息资源、信息技术等诸要素进行整合，推动教学工作有序、高效地运行，为计算机辅助教学的实现提供必要的管理环境，也为完成传统教学管理中无法实现的工作提供了可能。

总体而言，信息化教学管理主要包括以下几方面的功能。

1. 教学过程的信息化管理

教学过程是指教学活动的启动、发展、变化、结束在实践上连续展开的程序结构，它由教学目标、教师和学生、教学内容等要素组成，是多种教学因素相互联系、相互作用而展开的复杂性动态运行过程。对于教学过程的管理就是对教学系统中各个要素加以协调、整合，发挥最大效用支持教学目标的实现。

在信息技术的支持下，对教学过程的管理目前主要集中在以下几个方面。

（1）应用信息技术进行教学质量监控

教学质量的监控是对影响教学质量的各种因素、各个环节，包括教学目标和内容、教师的教、学生的学、师生互动、教师的工作态度、学生的心理状态等因素的过程性监测、反馈和调控。通过教学质量监控，学校可及时针对教学过程中出现的新问题制定新对策。学校组织对教学质量的监控是高质量教学效果的保证，也是教学管理的目标。

信息化教学质量监控就是利用信息技术手段建立教学监控系统，通过对教学过程中的学生学习进行跟踪、监测与检测，记录相关学习数据，然后利用信息技术分析这些数据，对照学生学习结果与学习目标之间的差异，诊断学生产生错误的原因，为教师改进教学和调整教学进度提供一定的数据支持和建议。学生也可以独立使用教学质量监控系统，系统根据预先的学生模型比照监测结果，通过测定学生学习实际效果与既定学习目标的差距，为学生的学习做出评价或者引导，或就当前结果提供建议，在一定程度上指导学生独立学习。

（2）应用信息技术进行教师教学评价

教师教学水平的高低直接关系着学校人才的培养效果。对教师的教学评价不仅是学校教学管理部门的重要工作，也是教师改进教学工作、提高教学质量和促进专业成长的重要途径。随着信息技术手段在教学管理中的普及与应用，信息化的教学评价系统也可以对教师的教学质量进行自动化评价。

信息化教师教学评价是通过教师教学信息评价系统，收集教师教学过程中的相关信息，建立教师教学质量评价标准和相关模型，利用计算机强大的数据处理和统计功能，通过定性评价与定量评价结合的方法对教师教学效果进行价值判断。

信息化教学评价系统一方面收集教师教学信息，对教师教学质量标准进行科学、客观的分析，使教学质量的各项指标均可在任何时间、任一网络中进行自发评价和实时评价，评价结果被归并到相应的数据库中，为定期判断教师教学质量提供依据；另一方面利用校园网络的虚拟平台为学生、同事、专家等定量评价提供平台和实时的交互，从而更全面、科学、及时、充分地反映教学活动的诸环节，帮助教师改进教学工作，促进教师专业发展。

2. 教学资源的信息化管理

教学资源在此指可以用来促进学生学习、支持学与教全部过程的各种资源。

信息化的教学资源管理是利用信息技术的数字化处理能力，将教学资源数字化，成为可以在计算机或网络环境中记录和转载的多媒体资源；利用计算机的数据管理能力对数字化的教学资源进行统一管理，实现教学资源的共享。所以，信息化教学资源管理贯穿于教学资源的设计、开发、运用、共享等一系列过程之中。教学资源的数字化可以使教学资源以声音、图片、动画、视频以及3D影像等多种方式呈现，化静为动、化虚为实、化抽象为具体，帮助学生获得传统教学资源无法提供的教学信息；也可以将原有的散落的或隐性化的教学材料开发为结构性良好、脉络清晰、可视化的数字化教学资源；还可以通过信息技术实现教学资源的校际共享、城际共享甚至全球共享。信息化教学资源管理将是信息化管理过程中的一个重要内容。

3. 教研的信息化管理

传统的教学科研是以集体讨论或者教学研究会议的形式进行，形式单一且内容乏味。教育信息化背景下的信息化教研也被称为虚拟教研、网络教研或e教研。虚拟教学研究一是指与现实教学研究活动不同的、借助网络构筑的虚拟社区而实现的一种教育、教学研究活动，二是指对借助网络构筑的教学时空中发生的教育、教学的研究。这里的虚拟教研特指第一种，即借助信息技术手段实现的教学研究活动。

学校组织教师进行教学研究和教学科研是保持学校旺盛的学习动力，促进教师进行自我完善和专业化发展的重要管理活动。学校组织对教研活动进行管理，实质上是通过教学研讨的形式建立知识共享模式，对教师的知识进行有效管理，提升学校教育教学活动的质量。进行教学研究时，交流是教研活动的着眼点，因为交流不仅是学习过程，也是实现经验共享、教研共鉴、教学创新的重要途径。传统的教研交流一般是以面对面的形式进行小范围内的沟通，由于交流的时间有限、空间有限，教研活动容易陷入僵局。而信息化教研是建立在多媒体技术、互联网络与卫星通信、数据库技术和人工智能等多种信息技术整合的基础上，将信息技术跨时空的特点与教学研究活动相结合，采取教育博客、教育论坛、QQ 群组教研、网络备课、听课等多种形式，突破传统教研小范围、短时间互动的局限，使教研的全员参与、大范围经常性交流变为现实。所以，突破时空局限，更加简单实用、开放自由是信息化教研的最大优点，特点是多主体跨时空、低成本高效益、形式灵活多样、针对性强。

4. 教务的信息化管理

教务管理是学校管理工作的重要组成部分，也是维系学校正常教学秩序的重要枢纽。教务管理信息化就是在现代教育思想指导下，运用信息管理理论与信息管理方法，以现代信息技术为核心技术，充分考虑外界变量和信息，组织和配置教学信息资源，进行信息化教学管理的活动和过程。

从内容看，教务管理信息化涉及学校与教学相关的一切事务的管理，包括教学计划管理、教学过程的组织与管理、教学质量管理、课程建设管理、选课排课管理、学生成绩管理等内容，在此我们把与教与学直接相关的教学过程管理（包括教学质量管理）单独阐述，而把学生成绩等的管理在“学生管理”部分单独阐述，所以教务管理在此指为教与学的过程提供服务和支持的一切其他事务的管理，包括课程计划的修订、选课、排课、教学信息通知等。仅这些，可以看出教务管理工作的烦琐和庞杂，所以，教务管理的信息化建设一方面可以减轻教务工作者的劳动强度，提高管理者的技术素养，有助于提高教务工作的管理水平和工作效率；另一方面可以促进教务管理过程的程序化、规范化和科学化，保证教学工作的稳定、协调、高效运转，加快教育信息化的进程。

（二）信息化的学生管理

学生是学校运作的主体，学生教育的成功与否也是衡量一个学校管理水平的重要指标。应该说，学校一切工作的开展事实上都是围绕着学生的，无论是上面已经阐述了的教学管理，还是下面将要阐述的人事管理、总务管理等。

这里的学生管理指的是对学生工作的综合性管理。招生、培养、升学是学校教育的三个基本环节，从学生入校的第一天到学生离开学校为止，学生管理都贯穿始终。因此，学生管理包括了学生的学籍管理、学生成绩管理、操行及奖惩管理、毕业去向信息等许多方面。

信息化的学生管理并非对传统学生管理方式的替代，相反，在学生的教育和培养过程中，传统的学生管理因其能够因地制宜、因材施教、灵活多样等优点有着不可替代的魅力，而信息化的学生管理则是对传统学生管理的有益补充，通过发挥信息技术手段的优势、借助信息技术的数据处理和管理能力，将学生的数字化信息进行存储、管理、分析、评价，帮助教师和学校管理者更加及时、全面地把握学生的学业状况，也能帮学校更好地实现与学生、家长、社会的沟通。

1. 学生学籍的信息化管理

信息化的学生学籍管理是指新生入学后，教务人员采集学生的基本信息，建立学生个人档案，并对学生的学号、班级进行编排，建立学籍。在传统管理体制中，这样的工作往往需要手工完成，档案也以纸质档案为主，不仅工作量巨大，而且管理和查找困难，也很容易发生信息遗失。

引入信息技术管理方式之后，学生建立数字化学籍档案，不仅大大减轻了教务管理人员的工作强度，而且可以与后续的学生管理工作进行无缝对接，学生的课程管理、成绩管理、去向管理等所有信息都可以在信息化管理平台上完全实现。另外，信息化的学生学籍管理最大的优势在于其查询功能的便捷与强大：一方面，可以方便查询学生的个人所有信息，从中清晰了解学生在学校的学习轨迹、所学课程、学业成绩及奖惩情况，完整了解学生的个人信息及在学校的成长经历；另一方面，可以横向查询和比较不同学生在某个单项上的情况，方便了解和评测教师的教学情况和学校的管理状况。

2. 学生成绩和学业成果的信息化管理

学生成绩和学业成果的管理也可以称为学生的学业评价管理，这样的管理记录了学生入学后的学习成果和学习轨迹。具体包括学生成绩管理、学生操行测评管理、优秀学生干部的评选、各项奖金的评定以及学生处分情况记录等工作。

学生学业评价管理是学校管理工作的基本组成部分，对检查教学质量、督促学生学习、加强学生管理以及推动教育教学改革都具有极其重要的意义。学业评价管理可对学生的学习进行诊断、反馈、改进、激励、强化等，是促进学生发展、推进创新人才培养的关键。

在传统的管理体制中，对学生的学业评价主要采用学业考试制度，纸笔测验是主要的测试手段，评价结果多以考试成绩呈现，但简单的考试分数无法全面体现学生的学习能力和水平，也容易导致“唯分数论”的培养倾向。

在信息化的管理体制下，信息技术的支持和信息管理系统的功能，可以实现对学生学习的过程性评价，记录学生在学习过程中的学习轨迹、作业作品、学习心得等，从而帮助教师和管理者了解学生的学路历程和成长变化情况，对学生的成长进行完整还原；信息化的学业评价管理还支持对学生的学习过程的完整记录，如听课过程中的表情变化、问题回答、讨论交流等，教师可以通过这些记录深入了解和分析学生在某个阶段的细微状态，帮助实现对学生的细化管理；通过在管理系统中对接智能导师系统，信息化的学业评价管理还可实现对学生学习的智能化和个别化指导。

（三）信息化的人事管理

人事管理是学校管理工作的另一个重心。如何科学合理地处理人事关系、建立结构合理的教师队伍，充分发挥每个教职工的潜能，是学校管理中非常重要的一项工作。随着学校管理体制改革的深入、学校规模的扩大，学校人事管理的要求也越来越高。

人事管理信息化是在传统人事管理的基础上，以计算机网络技术为依托，借助现代化信息处理工具，实现人事管理高效化、网络化、规范化、无纸化。信息技术在人事管理中的应用有助于促进学校人事管理制度从传统事务型管理向现代人力资源数字化管理的转变，从而提高学校人事管理的效率和决策水平。

传统的人事管理大多建立在手工劳动的基础之上，工作量大，工作效率低下。而信息化的人事管理制度和方式可以将管理者从繁杂的人事事务中解脱出来，从而将更多的精力用于规范、优化和配置人才资源运作体系上；高效的人事管理信息化体系也能为学校管理者提供更加全面、准确、及时的信息，从而为科学决策和了解人事动态提供重要依据；信息化的人事管理制度建设还可以规范人事管理工作流程，使人事管理工作更加科学、高效和深入。

人事管理主要涉及编制、岗位、人员、工资等信息，需要进行大量的信息收集、整理、归档、存储、查询、统计、分析、运用等工作，信息化管理方式对人事管理的帮助显而易见。就学校的信息化人事管理而言，主要涉及学校教师的人事管理、学生的人事管理及学校其他员工的管理。

（四）信息化的总务后勤管理

信息化的总务后勤管理，是指除学校教学管理、学生管理、人事管理之外，对保障学校教育教学工作正常开展的钱财、物资等其他资源设施的管理。

第三节　高校信息资源的管理和利用

一、建立一体化的管理模式

首先，要建立数据标准。没有卓有成效的数据管理，就没有成功高效的数据处理，更谈不上建立起全组织的计算机信息系统。近几年，高校才认真考虑信息资源的问题。无论是企业的信息系统设计人员，还是院校的数字校园项目负责人，掌握数据标准像设计师熟悉建筑材料标准一样重要。为了有效地制定和实施数据标准，应遵循几条重要的原则：数据标准的制定要从实际出发，要结合各部门的意见；数据标准要简明易懂，切实可行；标准必须加以宣传推广，绝不是某一个部门的事情；信息管理部门保障标准的执行，并出台推广标准的办法和措施；标准应该根据需要和数字校园进展程度逐步制定，不要期待一次性结束所有数据标准的拟定工作；数据管理最重要的是一致性——数据命名、数据属性、数据设计和数据使用的一致性。

其次，要推动信息资源内部管理机构的整合。所有信息在整合后要实施集成管理，这是高校实现信息共享、提高资源使用效益的重要环节。高校是多目标、多层次、多系统的组织体系，人事、教务、财务等各个信息管理系统之间具备相互交错的信息关系。所以，实施信息资源一体化管理的首要任务，是进行内部管理机构的整合：树立信息资源大系统意识，成立信息中心，统筹人事、教务、财务、档案、网站等信息机构，全面协调，合理调配各种信息资源。

在教学资源建设方面，应在“广泛共享、有效聚合、充分应用”设计理念的指导下，以服务教学为中心，在一线教师的指导下，制作更多有针对性和实用性的学习资源，扩大多媒体动态资源的比例，注重资源库的应用成效。

再次，要实施内部信息资源的科学整合。各类应用系统的相互连接、数据的有效共享是信息资源综合管理的关键。高校的当务之急是在统一的技术体系下，对各部门的计算机、应用系统的建设实行统一技术整合，制作各种接口，建立各种链接，构建一个涵盖管理、教学、科研等各方面的统一信息管理系统，实现异构数据信息的访问、接入、交流和共享，从而实现信息在各部门不同应用系统之间交换、共享，有效解决“信息孤岛”问题。也就是说，要对全校信息资源进行整体把握，标准化集成，规范化使用，实现信息资源整合，保证高校信息资源管理的有序发展。

最后，要实现外部信息资源的内部重组。借助网络化体系、电子化技术，发挥校内信息资源管理系统的集成与交互功能，化外为内，把学术资源等大量分散、无序但有用的信息收集起来，有效地将校外信息转为校内信息资源，经过规范化的整理，使之能够供师生检索、浏览和下载，化为己用。另外，可以采集校内各种应用系统特别是政务系统中产生的各类信息，建立文档信息库，与从外部采集的信息资源一起，对全校信息资源进行统一整合、配置，建立信息资源保障系统，向师生提供各种载体的信息服务，放大信息的作用和功能。

二、实现资产信息的动态管理

首先，建立固定资产信息管理机构。学校应当有资产信息管理机构，对资产进行分类管理，明确后勤集团、校办产业、教室、图书馆、各系部、信息中心、实训基地等单位的管理职责和权限；对各部门的资产管理员进行培训和专业素质考核，使其能够以信息化手段对资产进行登记、保管、检查、报告等工作；同时，完善资产信息化管理体系，既要有完善的宏观管理法规制度，又要有适合学校实际情况的内部规章制度，形成良好的高校固定资产管理机制，确保资产信息的真实性、信息披露的可比性、科学管理的有效性。

实现资产信息的全过程管理。信息资源“三分靠技术，七分靠管理，十二分靠数据”，而目前我国高校的资产管理信息大多还集中在固定资产管理、设备设施管理、物资管理等方面，还是从独立的管理信息系统出发，管理的重点集中在简单的静态管理，对资产、设备等管理对象建卡建账，然后在此基础上提供简单的查询、统计、报表等功能。未来，资产要从静态信息管理变为动态信息管理，管理周期从固定资产卡片管理逐步向全过程管理转变；另外，管理目的要从固定资产基本管理和查询逐步向固定资产的管理、统计、查询分析和决策支持转变。

三、挖掘信息资源，提高沉默资源利用率

信息管理领域将未得到利用的资源叫作沉默资源，高校存在大量的沉默资源。解决办法如下。

首先，提高信息关联度。各部门业务系统独自管理相关数据，久而久之就会使数据不一致。比如，财务系统、教务系统和宿舍管理系统未共享学生数据，当学生休学、退学时，三个系统的数据就会不一样，甚至出现已在教务系统退学两年的学生，财务处仍催促该生交纳学费的情况。学校必须制订静态数据的管理标准，明确数据权威源，规定权威数据在全校各类业务中的流转关系，以及各部门在数据维护中的责权利，杜绝静态数据被多处更改。

其次，要规范绩效考核指标，增强考核过程客观性。绩效指标不统一，就容易造成各部门“公说公有理，婆说婆有理”，不利于比较各部门对资源的利用情况，更不利于资源的优化配置。所以，要立足全局，以学校利益最大化为原则制定各项绩效指标。还有一点，要优化执行环节，既实现数据的质量控制，又不增加各部门工作量，在执

行中尽量减少各部门工作的复杂度，如信息录入、维护等，否则政策落实将会遇到很大阻力。

此外，院校需要设立业务受理中心，提供面向全校师生的一站式服务。这样，师生原本需要到各部门办理相关业务，在优化后，只需要通过业务中心和业务受理门户网站即可办理。系统优化在方便师生的同时，又带动静态基础数据和动态数据的规范化流转，加强信息的关联性，从而提高了数据质量和办事工作效率。

第八章 高校信息化建设的评价

第一节 高校信息化评价概述

评价是管理者的重要工作，最终目的是改进和发展；对社会各个领域所推行的信息化建设进行评价，要求评价目标和方法符合信息化发展的特点；由于学校教育的目标、教育主客体、活动方式的特殊性，对学校信息化建设所进行的学校信息化评价具有了特定的内涵。

一、评价

评价是指依据明确的目标，按照一定的标准，采用科学的方法，测量对象的功能、品质和属性，并对评价对象做出价值性的判断。就其本质来说，评价是主体在事实基础上对客体价值所做的观念性的判断活动。评价的过程是一个对评价对象的判断过程，是利用综合计算、观察和咨询等方法进行复合分析的过程。

（一）评价的特征

从定义的内容可以看出，评价具有如下特征：具有明确的目的性，只有目标明确了才能进行评价，否则评价就失去了存在的意义；须以客观事实作为评价依据，要运用科学的方法客观地、真实地观察或测量评价对象；需要建立在一定的标准的基础上，根据评价标准的体系和要求对评价对象进行分项得分或给定等级；需要根据前面对评价对象各个方面的打分或等级评定做出价值判断。

（二）评价的要素

评价过程会涉及三个要素：评价主体、评价客体、评价工具。评价主体即评价者，可以是评价对象自身，也可以是评价对象的上级部门或是同行专家，具体人员可以根据评价项目的性质和被评价者的实际需求进行选择；评价的客体即评价对象，也就是被评价的人或物；评价的工具即评价标准或评价指标体系，它是对评价对象进行价值判断的参照系。

（三）评价的分类

评价的分类方式有很多，根据不同的考察维度，评价可以分成不同的类别。如根据评价实施的时间和目的，评价可以分成诊断性评价、形成性评价、总结性评价。诊断性评价是在事物发展进程开始之前所做的评价，是为了了解人们对这一事物某一发展阶段的兴趣、态度以及发展所必须具备的条件存在程度等；形成性评价是一种在事物发展进程中按照原来预定的发展目标作为评价依据所做的评价，具有反馈的功能，目的是监督事物的发展，调整、修正发展进程；总结性评价是一种在事物发展完成之时所进行的评价，这种评价的目的是了解整体的效果，提供总体评价成绩的资料。

（四）评价的功能

评价具有多种功能，如诊断功能、鉴定功能、导向功能、激励功能等。诊断功能是因为评价要对事物的发展现状及其成因进行分析，由此可以了解评价对象各方面的情况，并进一步判断它的成效和缺陷、矛盾与问题，具有诊断的作用；导向功能是因为评价一方面可以估计评价对象实现目标的程度，另一方面通过了解缺陷和问题产生的原因，为后续的任务决策和改进指明方向；激励功能是因为通过以较高的评价激发积极地投入，以较低的评价促使反思与改进，从而使评价对象强化主体的责任意识和质量意识，推动目标的完成；鉴定功能是因为总结性评价可以明确给出鉴定意见。除了上述功能以外，美国著名评价学专家斯塔弗尔比姆还提出评价具有发展性功能。他认为“评价最重要的意图不是为了证明，而是为了改进”，评价是“为决策提供信息的过程”。改进是为了发展，从这个意义上来说，评价具有发展性功能。

（五）评价的基本程序

从评价的定义可以看出评价需要经历以下几个环节：确定评价目标，建立评价指标体系，资料收集与鉴别，平等加权量化，做出价值判断。其中评价指标体系的建立尤为关键，它需要依据并反映评价目标的要求，也是后续进行资料收集的方向和进行价值判断的基础，是评价功能能否实现的关键点。

二、信息化评价

信息化评价是对信息化发展水平的综合衡量，具体来说是评价者以信息化建设目标为依据，制定或依据科学的信息化标准，运用一切有效的技术手段，对信息化建设的过程及其结果所涉及的各个方面进行测定、衡量，并给以价值判断。信息化评价是客观、科学地反映信息化水平的重要手段，也是政府推进信息化建设决策的重要依据，对一个国家、地区或者部门进行不间断的信息化评价，有利于更好地把握这个国家、地区或者部门向信息社会迈进的状况，从而在制定有效发展战略的同时准确抓住潜在的市场机会。

信息化评价依据评价对象的不同，可以分成国家信息化评价、区域信息化评价、行业信息化评价、企业信息化评价、政府信息化评价、学校信息化评价、机构信息化评价等。依据不同评价对象的信息化建设要求，也会有不同的信息化评价标准。如对于国家信息化的评价，国家信息化工作领导小组在2001年公布了《国家信息化指标构成方案》，这是全球第一个由国家制定的国家信息化标准，也是当前进行国家和地区信息化水平量化分析和管理的依据和手段，因此被业内人士誉为“中国新的现代化标准”。该标准依据国家信息化的六要素来制定，这六要素是：信息技术应用，信息资源，信息网络，信息技术和产业，信息化人才，信息化法规政策和标准规范。围绕这六个要素，20条具体指标组成一个有机整体，构造出了反映中国信息化发展程度和水平的完整的信息化指标体系。

信息化是一个动态发展过程，所以不同行业也会根据行业自身的信息化发展与要求制定或修订相应的信息化评价标准。行业信息化标准一般由国务院相关部委、行业协会负责牵头制定。并实施对所属单位的信息化评价。当然，各单位出于对自身信息化建设的实际考量也可能会在此基础上又制定新的标准，自己组织信息化评价。例如，2007年中华人民共和国住房和城乡建设部就发布了《建筑施工企业信息化评价标准（征求意见稿）》。该标准结合多年来的行业信息化建设实践与经验，从建筑施工企业信息化的评价范围、评价指标、评价方式、评价组织、评价程序和评价原则等方面进行了较为全面的规范。也有些行业由于一些特殊原因，还没有形成或未能形成统一的行业信息化评价标准，如教育信息化评价。所谓教育信息化评价是指评价人员依据评价的目的和一定的评价标准设计评价方案，系统、科学和全面地采集、筛选、取样、分析学校信息化建设中的有关信息，确定评价的指标体系。由此对评价对象进行分析和综合判断，为改进和优化教育信息化的发展提供依据。但由于教育信息化建设涉及诸多因素，除硬件设施、软件资源外，还牵涉教学、学习、科研、管理等方面，再加上教育信息化中的资源建设与整合、教育信息化模式等又处于不断改革与创新的过程中，所以难以形成统一的信息化评价指标。对于某些具体的建设项目，如信息化校园、教学软件、学生信息化学习成果等，一些研究者也深入研究相关的评价标准以供各学校在进行信息化建设时参考。

三、高校信息化评价

高校是教育的主阵地，高校的信息化建设质量反映了一个国家或地区的教育信息化水平，因此，对高校的信息化评价成为教育信息化评价的重要指标之一。高校信息化评价是信息化评价的一种类型，评价的对象是高校，具体来说是教育评价者以高校信息化建设目标为依据，制定或依据科学的高校信息化标准，运用一切有效的技术手段，对高校信息化建设的过程及其结果所涉及的各个方面进行测定、衡量，并给以价值判断。

由上述定义可以看出，第一，高校信息化评价首先需要明确评价目标，因为评价目标是制定评价的出发点和归宿，在评价的每个阶段都需要时刻清楚并作为依据，这样才能避免评价的盲目性、模糊性。高校信息化评价的总体目标是为改进和优化学校信息化的发展提供依据，它应贯穿学校信息化评价的始终，为开展评价的每个环节指路。此外，高校信息化建设包含了许多不同方面，每一方面有更为明确的子目标，它们与总体目标保持一致，同时对某方面建设内容有更具体的指导、参照作用。第二，高校信息化评价需要有评价标准，这里的标准可以是符合我国基本国情的相关教育信息化评价标准，也可以是评价者依据标准结合校情制定的评价指标体系，它们是进行评价的基本参照。第三，高校信息化评价应是全面的评价，从空间上来说要关注到学校信息化建设的方方面面，从时间上来说要贯穿学校信息化建设的全过程。评价对象越全面，评价结果在一定程度上的可信度越高，对改进和优化学校的信息化建设就越有参考价值。第四，高校信息化评价最终应给予价值判断，或对学校信息化建设的水平予以等级鉴定，或针对相应的评价标准给出是否达到标准的结论，并在此基础上对学校后续的信息化建设提出建设性意见或合理化建议。

第二节　高校信息化评价的内容

界定评价内容能够帮助高校领导者更清楚学校信息化需要评价的

对象，建立一个完整的评价体系框架。

一、对学校信息化环境的评价

信息化环境是学校信息化的前提，也是规划学校未来信息化发展的起点，包括基础设施的建设、信息化资源的建设以及信息化文化环境的营造。对信息化环境评价的目的是判断信息化环境的建设能否支撑起后续以此为基础的更深层次的信息化建设。基础设施的评价信息能为校长对学校总体的信息化建设规划提供最基层的参考。

首先，基础设施为学校在教学和管理中的信息化提供设备、网络以及平台支持，是后续建设的基本物质基础。一方面，教学和管理部门可以依据基础设施的功能、数量、配置等情况合理规划教学和管理，将其功能发挥到最大；另一方面，对照基础设施的评价结果与教学和管理工作中对信息化设施的要求，扩展升级基础设施时能保证各项基础设施配置、改进更加科学、更加符合实际需求。其次，信息化资源是信息化环境下介于教和学之间重要的桥梁，同时也是教师呈现知识的重要载体，其设计风格影响了师生之间的交流方式、互动方式，影响了知识的传递方式，是教学是否有效、高效的关键。因此，对信息化资源的评价是必要的。评价是要着重从资源内容的丰富程度、准确程度、与本区域特点相适应的程度，以及资源形式与现代教学模式相适合的程度等方面进行考量，从这些方面的资源评价数据中得出的分析结果可以引导信息化资源的开发和利用向着适应师生和教育发展的需求的方向发展。此外，对学校信息化文化进行评价有利于判断教师、学生、管理者对信息化教学的接受与认可程度，引导他们积极应对社会信息化大潮，增强为学校的信息化建设提供支持的意愿，从而减少学校信息化发展的障碍，引导全校师生为信息化校园这一美好愿景的实现而共同努力。

对基础设施（即设备、资源、平台）的评价要从广度和深度两个层面分析，对广度的评价有助于判断基础设施的适用范围及其在学校建设哪些环节能发挥作用，对深度的评价则是要确定基础设施在某一环节上发挥作用的大小，对于发挥作用较小的方面则要考虑其是否适合以信息化形式建设。设备分布的广度要看学校是否根据需要最大限度地建立了电教室、多媒体综合电教室、计算机室、CAI教室、网络教室、语音实验室、电子阅览室等现代化教室。资源和平台的广度体现在资源种类与平台功能的全面性上，包括多媒体素材、网络课件、试题库、资源检索工具、交互工具、答疑系统等。对基础设施应用深度的评价要从其多大程度上支持了教育系统的建设出发，具体可以考虑：信息化基础设施对教学和管理具备哪些传统设施不具备的功能；信息化手段的运用能否节约使用者的时间，提高使用者的效率；信息化运作模式是否能为诸如促进师生交流、加强资源共享、分析师生发展规律提供更便利的支持等。

对信息设备与资源的高效利用是学校信息化建设的最直接也最核心的目标。按照被使用对象的不同，应用评价可分为对硬件设备的应用和对软件资源平台的应用；按照使用对象的不同，应用评价可分为教学上对信息化设备及资源的应用和管理者实施教学管理的应用。应用评价的目的是明晰本校基础设施的利用率，发掘使用者的使用习惯，明确信息化建设在学校体系中的哪些方面发挥作用，师生和管理者对资源平台的使用是否得当，有助于校长作为学校领导者指出下一阶段信息化建设的重点。

信息化教学应用评价是学校信息化评价的关键环节。教学评价涉及了学校教育中教师和学生两大主体，他们是学校发挥社会作用的核心，是衡量本校教育水平的主要关注对象。教师将学科课程与信息技术相结合的能力如何，信息技术课程依据何种逻辑安排实施，学校能够运用信息化手段开设的课程包括哪些类型，教师有没有主动在教学设计中融入合理的信息化元素，这些都是对教师的信息化应用评价时应该考虑到的。这些因素能测量出教师是否具备坚实的信息化教学理论与实践能力，是教师运用信息化的方式帮助学生提高信息技术能力和科学知识能力的保证。在校学生对信息化设备和资源的应用评价应该从学生信息素养水平，学生获取知识的途径，学生借助信息化环境表达、反思及解决问题的能力等几个方面测量。通过评价结果分析学生的信息化需求，改进信息化建设之不足，利用信息化手段促进新课改中提倡的教学的三维目标的实现，提高教学和学习的质量。管理者维持着学校的正常运转，他们对信息化产品的接受和使用程度决定了学校管理信息化的水平，管理信息化又是学校现代化管理的基本要求；同时，他们的信息化专业能力还会影响学校校本资源开发、教学网站建设的质量及进度。因此需要对学校管理者从信息技术基础能力、信息化办公设备的使用能力、管理部门信息化规划、专业人才的业务水平几个方面做出评价，覆盖的范围包括教学管理、学生学籍管理、财务与资产管理、人事管理、图书管理等。

二、对信息化教与学应用的评价

对信息化教与学的评价是学校评价的核心，分成信息化教学和信息化学习两个方面，是判断学校办学质量的重要指标，也是影响校长进行学校发展决策的重要因素，包括了对学校课程、教学设计、教师教学、学生学习等方面信息化的评价。信息化教学评价的对象是教师及教学，强调信息技术与课程的整合，通过信息化教学设计、信息化的教学实施、学生的信息化学习，充分利用信息技术的优势提高教学质量与教学效率。信息化学习评价的对象是学生及学习，强调信息技术支持的学习方式变革，强调信息技术环境中的自主探究与合作，强调学生信息素养的养成与提升，以达到促进每一名学生信息素养提高和全面发展的目标。

三、对信息化管理的评价

学校信息化管理评价的目的是对学校信息化管理水平做出判定。信息化管理涉及人事安排，信息化制度、政策、规划的制定，信息化经费投入比例以及信息化设备、资源的使用和分配等多个方面。“向管理要效益”是学校发展必然趋势，信息化管理不是校长一个人的事情，但是校长要对学校信息化管理水平有清醒的认识，并根据评价结果进行公平、合理的调整，让学校的管理日渐顺应学校教育信息化发展的需要。

对人事安排的评价有助于校长判断参与学校信息化建设的人员是否都有明确的职责范围，在工作中是否尽职尽责。另外，还能帮助管理者判断工作人员的专业能力，并依据他们的能力合理分配、调整工作内容。制定信息化建设项目规划、实施步骤、规则，学校信息化运作机制等为学校整个信息化建设过程提供原则及进度指导，有利于信息化建设、使用的统一和规范，校长可依此判断学校信息化制度是否健全，信息化建设的施行是否到位。学校信息化建设所需花费来自硬软件购置、资源开发、人员培训等许多方面，经费投入量会相当大，对经费投入的评价就是要确保学校信息化建设中每一笔钱的使用和分配的合理性。经费投入比例需要根据不同阶段的信息化建设重点而定，例如，在信息化建设初期，经费主要用来购买计算机、路由设备、网络电缆等硬件设备；当信息化建设已在学校进行了一段时间后，建设重点转为提高教学人员的信息技术能力，经费的投入就需要相应的向人力培训方面倾斜。因此，对经费在各建设阶段的投入比例进行评价，能帮助校长判断管理者是否实现了经费效益的最大化。在学校信息化工程建成并投入使用后，将面临设备的使用分配、常规维护，各种功能教室、实验室的开放等问题，对以上方面的机制评价能够保证信息化设备和资源得到妥善保管与合理使用。

四、高校信息化发展评价

对高校信息化发展状况的评价涉及学生发展、教师专业发展、管理者发展、学校信息化发展四个方面，它们之间是相辅相成的关系，它们共同反映学校信息化方面的发展潜力。校长了解学校信息化发展状况，有助于判断本校人员信息技术能力的发展速度与水平，认清学校自身发展前景，从而提出切实可行的信息化发展愿景。

第三节　高校信息化评价的标准和构建

一、高校信息化评价的标准

对高校的信息化建设进行评价以了解地区、国家教育信息化发展的现状与存在问题，是每个国家的各级政府都关注的问题。针对学校信息化建设的不同领域和发展需求，各国纷纷推出各自的国家或行业协会标准，如美国从 1998 年开始，由教育技术协会编写并陆续颁布了《面向教师的国家教育技术标准》《面向学生的国家教育技术标准》《面向管理者的国家教育技术标准》，其中一些教育技术标准还经过了多次修订。

2004 年，中国教育技术协会发布《中国教育技术标准》，它对所有参与教育过程的人员——学生、教师、教育管理者和教育技术职业人员所应具备的教育技术素养做了明确规定，规定分成总纲、学生教育技术标准、教师教育技术标准、教育管理者教育技术标准、教育技术职业人员教育技术标准、教育技术标准的实施几个部分。针对各类人员的教育技术标准分基本要求和绩效指标两部分阐释，其中绩效指标又分为A、B两级指标，A级指标为高层次要求，适用于经济发达、信息化环境较好的地区和学校；B级指标为最低要求。该标准既是对参与教育的各类人员信息技术能力的要求，又是对这些人的信息技术能力进行评价的依据。

高校在信息化建设过程中必须依据一定的技术规范，这些规范可使学校在信息化方面有更好的互通性和升级拓展性。2002年，全国信息技术标准化技术委员会教育技术分技术委员会正式成立，作为全国信息技术标准化技术委员会的下属专业委员会，它承担制定我国教育信息化技术标准的任务。委员会根据我国教育信息化的实际需求，提出了一个比较完整的网络教育技术标准，简称CELTS，包含5类标准项目：指导类标准、学习环境类标准、教学资源类标准、学习者类标准、教育管理类标准。包括28个项目，根据各项子标准的作用范围又分为通用规范和专用规范两类。通用类规范具有广泛的适用面，给标准用户留有较多的发展余地，允许他们在遵从统一的基本框架下选择及改制一些数据项目；专用规范是针对某一特定领域的，具有更强的约束力。现在已由教育部颁布并试用的规范有：系统架构与参照模型、术语、学习对象元数据、教育资源建设、内容包装、测试互操作、基础教育资源元数据、学习者模型、学生身份标识、平台与媒体标准族谱、学习管理、教育管理信息数据代码等。

在高校信息化评价具体的实践过程中，如果该方面或领域有国家标准，可以直接加以运用。但有时国家的标准由于考虑到全国性的建设水平，对于学校来说不具有针对性，各学校在进行信息化评价时可根据自身的实际情况将国家标准修改后运用，也可以根据学校信息化建设愿景的需要由学校自己建构评价指标体系。

二、信息化评价体系的构建

对学校的信息化评价需要相对统一的标准，但也不能一味地强调统一，而忽略各个学校存在的差异，否则就会脱离实际。评价不是为了证明，而是为了改进。所以，各学校有时需要根据学校自身的实际情况建立信息化评价体系。

构建学校信息化指标体系是客观地评价学校信息化的需要，是准确判断学校信息化发展水平的前提。因此，要以科学、严谨的态度，遵循一致性、整体性、开放性、系统性、动态性和导向性原则，构建一套科学的、可操作的指标体系，构建过程中需要重点考虑的有以下三点。

（一）指标结构框架的确立

学校信息化评价的内容分为环境、应用、管理和学校发展四项，结构框架可依据评价内容来构建，但这不是唯一的结构框架。目前，国内外对评价指标结构框架的研究已经相对成熟，以下是国内外一些指标体系结构框架。

美国发布的教育行动计划确定了信息技术应用和发展的四大支柱：连通（保证所有学校都与因特网相连）、硬件（保证学校拥有相当数量的硬件供教学使用）、数字内容（保证有相当的内容供教师结合到课程教学之中）和专业发展（保证教师具备将技术与课程整合所必需的技能）。美国教育技术 CEO 论坛从这四个方面展开开发了著名的 STaR 评估量表，量表分为硬件和网络连通性、教师专业发展、数字化资源以及学生成就和考核几个维度，在美国的学校信息化评价领域有很大的影响。

我国 2004 年进行的全国规模的教育信息化建设与应用状况调查则将评价框架分为了设施、资源、应用、管理和素养五部分；还有学者将教育看作一个行业，从行业的角度把教育信息划分为信息资源，信息网络，信息技术应用，信息技术和产业，信息化人才，以及信息化政策、法规和标准六个要素；也有学者把教育信息化看作一种教育现象，根据教育信息化的实施把教育信息划分为学校教育信息化领导、教育信息化资金投入、软件支撑环境、教学信息资源的数量与质量、师生信息化素养、师生运用信息化手段开展教与学的频度、信息化教学效果等；还有学者将教育信息化作为一个过程，按发展背景、基础环境、管理环境、ICT 应用划分评价框架。

所参照的依据不同，构建出的评价指标结构框架就不一样。但要注意在制定学校信息化评价指标体系的结构框架时，应首先明确学校信息化评价的目的，选择能够最直观反映出评价目的的，并且适合本校实际情况的结构框架；其次应该尽量使框架内各指标之间的相关性降到最低，便于指标进一步细化。

（二）指标的细化途径

指标体系结构框架决定的是评价涉及哪些方面，但并没有规定具体需要测量什么，这就需要将框架内的每项指标进行细化，形成可测量、可观察的量化指标，细化后的指标可进一步再细化，从而形成二级指标、三级指标甚至四级指标。

指标细化不是凭空想象的，而是需要借助一些途径来达到。

1. 问卷调查

根据初步制定的评价框架（即一级指标）设计问卷。问卷中列出多项可能能够反映框架内容的二级或三级指标，对与一级指标相关的部门、人员进行调查，让其根据自己的业务内容做出选择或补充。然后统计问卷结果，合并相关性较高的指标，删除相关性极小的指标，对指标进行修正和完善。

2. 访谈调查

走访学校不同部门、不同主体，他们是学校信息化直接的使用者或者接触者，对学校信息化涉及的具体内容最有发言权，通过访谈，了解他们认为的与学校信息化相关的要素，再用合理的方法进行归类，补充进入指标体系。

3. 对比研究

对比不同学校的信息化评价指标体系，挑选出本校指标体系中不具备的项，将之与本次评价的目的和学校的实际情况进行对比，从而决定该项指标的取舍。另外，还需要研究多个学校相应的信息化需求满足度和相关信息化预设指标的现状，并分析信息化指标对信息化需求的支持度，从而确定出合适的信息化指标。

（三）指标权重的计算

指标的权重是多个指标在评价过程中不同重要程度的反映，是主观评价和客观反映的综合度量，权重确定合理与否将影响评价结果的可信度。根据确定指标体系权重时的数据来源的不同，可将权重的计算方法归为主观赋权评价法和客观赋权评价法两类。前者多是采取定性的方法，由专家根据经验进行主观判断而得到权数，这种方法可以合理确定指标权数之间的大小关系，却掺杂了过多的主观随意性。后者根据指标计算形成的数据确定权数，这种方法得到的权数虽然避免了主观偏见，但由于完全抛弃了主观意见，可能得到的权数与实际指标的重要程度严重相悖。两种方式各有缺点，学校选用时要综合考虑，必要时应采用不同类的赋权方法，将各种方法的优点融为一体，得到最准确的权值。

常用的主观赋值法有专家评分法、Delphi 法、层次分析法、RSR 法和模糊综合评价法等，这里我们着重介绍专家评分法和 Delphi 法。

专家评分法：由若干专家根据自己在专业领域的经验及知识，以个人判断或问卷形式，对评价指标的相对重要性给出分数，分值越高，表示权重越重，之后计算出每个指标的平均分数即为该项指标的权重。

Delphi法：又称专家咨询法。是一种综合多数专家经验与主观判断的信息整理方法。具体实施过程为，先将待赋值的指标交由若干专家分别赋值，评价组织者根据专家的反馈进行整理、归纳，然后再将归纳结果向专家征求意见，评价组织者再进行整理、归纳，如此往复多次，当专家意见分歧程度在5%至10%时则结束。这种方法适用于一些不容易被量化的模糊性指标。

常用的客观赋权法有主成分分析法、变异系数法、最大熵技术法、标准离差法、多目标规划法和简单关联函数法等，这里主要介绍最大熵技术法、标准离差法。

最大熵技术法：这是一种通过计算某项指标熵值大小来确定其信息量的大小，进而确定权重的方法。具体来说，某项指标熵值越小，则说明该指标提供的有效信息量越多，其权重就应该越大。反之，熵值越大，则权重越小。使用此方法确定权重需要借助相应的数学公式，先将原始数据矩阵归一化，再分别定义熵和熵权。最大熵技术法适用于具有数据的样本。

标准离差法：这是一种以评价指标之间的对比强度大小和冲突性高低来确定指标客观权重的方法。对比强度表示同一个指标各个评价方案之间取值差距的大小，用标准差表现，标准差越大，表示各方案之间取值差距越大；冲突性是以指标之间的相关性为基础，两个指标之间具有较强的正相关，则说明两个指标冲突性较低，反之，则冲突性较高。

第四节　高校信息化评价的过程与方法

学校信息化评价过程是按照特定的目标和标准，对学校信息化的主体、客体进行价值判断的过程。因涉及的评价对象、评价标准、评价方法不同，时间跨度较大，学校自行组织的学校信息化评价成为一项复杂的系统工程，需要分时段、分步骤逐步推进。

一、准备阶段

学校信息化评价的准备阶段解决的主要问题是明确评价目的，确定评价主体、客体，制定评价指标及测评方法。这一阶段是评价实施和分析的基础，是后期评价能否顺利进行的基本前提。这一阶段主要包括组织准备、人员准备和方案准备三方面。

（一）组织准备

组织准备是评价开展之初按照一定的标准在学校内部挑选人员，分别成立专门的评价领导小组和评价工作小组，由两个小组负责学校信息化评价各项工作的筹划和实施。评价小组成员应该包含一线教师、学校管理者等与评价内容相关的人员，因为他们对各自领域内的信息化具体建设情况比较了解，能对后续涉及不同领域的评价过程做出正确的指导。同时，校长与评价领导小组沟通可获得关于学校信息化评价的信息。

（二）人员准备

人员准备包括组织相关的人员学习评价理论、国家政策，研究信息化评价优秀实例，这也是教育评价结果可靠性和有效性的根本保证。一方面增加评价人员的评价专业性知识，促使他们以科学规范的方式认真细致地做好评价工作。另一方面，相关人员学习评价的目的、意义等，能意识到在学校开展信息化评价的重要性，从而提升自身对评价工作的责任感和主动性。

此外，由于从学校内部组织起来的评价人员对于评价工作缺乏经验或者深入研究，所以人员准备还应该包括遴选校外理论专家、评价技术专家、项目专家，向上级教育部门申请其他指导人员等工作。专家的权威指导能帮助学校评价人员做出正确的决策及兼具科学性和实用性的评价方案，提高学校评价人员的工作效率。

（三）方案准备

学校信息化评价方案是在教育评价活动中，为实现评价目的，对评价的依据标准、方法途径、实施程序等所做的设计和安排，是评价工作的操作指南。学校信息化评价方案需要拟定有关的评价目的、内容、范围、方法、手段、程序和预期结果，并以学校信息化评价指标体系为核心，以评价活动的组织者、评价者和被评价者等的接受程度为重，以评价程序的科学性、规范性和可操作性为根本。具体的方案内容包括以下几个方面。

1. 确定评价目的和评价对象

无论是组织准备还是方案准备，都是以特定的评价目标为基点的，因此，方案的准备必须首先明确“为什么评”和“评什么”。首先，“为什么评”解决评价所直接达到的目的，是评价顺利进行的根本保证，同时也是评价工作展开的出发点和归宿。我们需要依据评价目的确定评价组织和内容，选择评价方法，而且要判断最终的评价结果是否对学校信息化建设产生意义，还要看它与评价目的的关联程度。其次，“评什么”解决评价所直接涉及的评价对象，因为评价对象构成了信息化建设的系统整体，对信息化建设进行评价必然需要对各个组成部分分别评价。评价对象是评价工作中的实践对象、认识对象，对他们做出评价分析可以判断整个学校信息化建设的成败。

2. 设计评价指标体系

指标体系通常指的是指标的集合体或评价对象的因素集合体，是对总体目标的具体化。设计指标体系亦即对目标进行分解，使目标成为具体化、行为化、可操作的诸多指标，并且规定哪些因素该评，哪些因素不评。因此，方案中应当包含对指标体系构建原则和构建方法的说明，使评价活动的参与者准确把握，从而指导其为评价量表科学分配权重而划分合理的评价等级，将指标进行量化，保证评价得出客观准确的价值判断。如果在指标量化过程中发现有些指标难以划分具体评价标准，则需要考虑寻求其他能够替代的指标。

3. 选择评价方法

信息化的评价方法分为多种。评价时不同的方法所关注的信息的重点不一致，即使是对同一信息的处理，也可能得出不同的结论。因此，要根据评价的内容、目的和技术条件选择适当的测评方法，以保证评价结果的高信度和高效度。

需要指出的是，评价指标的设计和评价方法的选择因其具有很高的技术性和专业性，所以是方案准备时的难点，但是这两点又是方案准备乃至整个信息化评价过程中起决定性作用的环节，所以评价人员应该高度重视。

二、实施阶段

实施阶段是实际进行学校信息化评价活动的阶段，也是整个评价活动的中心环节。这一阶段的主要任务是根据准备阶段制定的指标体系，运用评价和信息化领域的相关方法、技术搜集评价信息，并对评价信息进行分析，做出价值判断，此阶段主要包括预评价和正式评价两个方面。

（一）预评价

预评价是在学校信息化评价活动实施之前，对小范围内的被评价对象依照评价方案和指标进行的评价。预评价的目的，一是发现方案和指标体系中的不足，提前改进完善；二是使评价人员熟悉评价实施的工作流程，知道如何应对及处理突发事件。

根据评价者的不同一般将预评价分为两种形式，一种是由评价组织进行评价，一种是被评价者进行自我评价。前者是评价组织将制定的评价量表分发给部分被评价者进行测试，然后对其评价结果进行初步分析，找出量表存在的不足，及时改进，同时还可以让被评价者提出修改意见。但是，由于被评价单位心理和利益上的驱动，他们可能会隐瞒相关的重要信息，所以这种预评价方式需要建立在评价人员全面掌握被评价单位的相关信息的基础上。后者是被评价者对自身工作做一个真实的自我总结，是被评价者在没有心理障碍的情况下对自己的工作失误、不足与教训做出反思，评价者可依据这些信息改进评价指标体系。自我评价形式更能够调动被评价者的积极性，评价的结果更趋于准确、可靠。

（二）正式评价

正式评价阶段取得成功的关键是得到被评价者积极主动的配合，使评价者尽可能多而全地获取真实的评价信息，防止各种弄虚作假的不良行为发生，这三点保证了能从信息中获得有用资源。而对评价信息进行处理和分析，是从信息中提炼出观点使信息产生价值的过程，在正式评价时应该选择合适的处理方法和手段。

1. 搜集评价信息

评价信息是评价工作取得的最直接的成果，是得出评价结论的客观依据。信息来源越广，信息量越丰富，信息的真实性越高，得出的评价结论越准确，对实践的指导作用越大。因此，最大范围、尽最大努力搜集全面而充分的评价信息是一项具有基础性意义的工作。评价人员需要应用所有可能的收集信息的方法，通过不同的途径搜集对学校信息化评价有实质性作用的重要信息，常用的方法有调查研究法、访谈法、表格汇总法、文献研究法和测量法等。

2. 整理评价信息

通过多种途径搜集来的评价信息其形式和内容都是杂乱无序的，在处理之前需要按照一定的步骤对信息进行整理。另外，通过整理信息还可以检查所搜集的评价信息总体上是否全面，某一方面有效的评价信息数量是否充足。

一般对评价信息的整理分为三步。一是信息归类。首先需要对信息资料的来源、获取信息的方法、信息资料适用的指标逐一登记，然后按照提前编好的归类提纲将信息分类。二是信息审核。具体包括审核信息的完整性和准确性。审核获取信息方法的运用及原始数据，各种记录是否出现偏差和谬误，做到去伪存真，去粗取精，以保证资料真实、可信、有效、完整。三是信息汇编、建档。信息资料的汇编，即信息资料的汇总和编辑。汇总和编辑后的资料具有完整性、系统性和简洁性，既能系统地反映对象的客观情况，又简明集中。汇编之后对于以文字形式表达的评价信息，要按不同类别，将信息资料装入档案袋并登记编号、立卷建档；对以数据形式表达的评价信息，可以归类列表存档。最后把建档的评价信息资料统一保管，供分析、评价时使用。

3. 处理评价信息

在学校信息化评价中，对信息的处理是指将原始的评价信息以定性和定量的方法加工转换成为具有评价意义的信息，将评价对象在各项评价指标中呈现出来的特征运用数学或其他方法处理成为评价结果。凡属定量的数据要进行计算，凡属定性的材料要归纳、汇总，然后按评价方案中各指标的加权系数和计量方法进行二次量化，将等级评分换算成各指标的评价值和总评分值。

4. 做出综合评价

运用教育学、统计学方法将评价信息汇总，计算得出精确的量化结果的过程即为学校信息化的综合评价。被量化的结果是对各评价项目现状的反映，评价者对照评价标准对各评价项目做出准确、客观、定量和定性的评价，形成评价意见。评价意见根据评价目的可以是对参与评价的学校信息化建设的优良或达标与否进行判断，也可以是对学校信息化建设的长短或得失进行系统分析。

三、反馈总结阶段

反馈总结阶段是学校信息化评价过程的最后一个阶段。这一阶段主要任务为撰写评价报告，将评价结果向有关单位、部门或个人做出反馈，评价单位依据评价报告总结反思本校的信息化建设和本次评价工作的经验。

（一）评价报告的撰写

评价单位在对评价结果做出详细检验，并依据结果细致发现了当前信息化建设存在的问题，分析讨论了改进措施之后，就需要对信息化评价工作做出整体的总结记录，即撰写评价报告。评价报告一方面可作为学校信息化建设改进工作的参考，供学校各工作部门使用；另一方面可作为反馈呈送上级部门或校长，使其对评价工作有个整体了解。

评价报告的框架结构包括封面、正文和附录三部分。封面上需提供评价的标题、评价单位、评价开始和结束时间等基本信息。正文主要包括：摘要，内容是对评价报告的简要概述，应当提供评价的目的、简要过程及重要的结论；评价背景，应说明评价的缘由，评价方案的制定过程，重点叙述评价指标体系是依据何种方法确立的；评价过程，应说明评价具体的实施过程，经历了哪些阶段，每个阶段的任务是什么，这些任务是如何完成的，重点描述信息搜集和处理两个阶段；结论及分析，说明对评价信息进行分析后得出了哪些结论，尝试列出信息化评价中出现的问题的原因，结论对后续信息化建设的指导作用。

（二）评价结果的反馈

反馈是指将评价结果向有关领导部门报告，为其进行学校决策提供依据，或是在一定的范围内公布评价结果，同行给予评价意见。需要强调的是，反馈评价结果是为了从上级部门或同行那里获取改进工作的指导或建议，反馈者应该实事求是，肯定成绩的同时，也要敢于反映建设中存在的问题，使评价真正发挥作用。反馈的形式比较灵活，可以采用书面形式、口头汇报形式或座谈形式，也可以使用多种形式的组合。

（三）评价工作的总结

评价工作的总结就是对学校信息化评价的评价，即将所有的评价工作自身作为被评价对象，由评价小组重新审视自己的评价工作，对学校信息化评价的科学性、有效性和可行性做出评判。作用在于促进学校信息化评价规范化，完善学校信息化评价活动，提高学校信息化评价的科学水平，并为今后的学校信息化评价积累经验。评价工作总结分为两个层次，第一个层次是对各项具体评价工作一一做出检验及分析，如指标体系构建方法、评价信息处理方法是否得当，评价实施是否符合实际等；另一层次是站在整体的高度审视整个学校信息化评价过程，看评价工作总体进度安排是否合理，评价目的是否贯彻始终等。当然，两个层次并无明显界限，这里旨在提醒评价者应以局部和整体两种不同的视角对学校信息化评价工作做出评价，以使评价工作中的问题尽可能多地暴露出来，为日后评价提供借鉴。

（四）建立评价档案

将学校信息化评价过程中的评价方案、数据、总结、报告及各种评价方法立卷建档，妥善保管，既便于查阅及研究，又可成为日后其他评价的参考案例。

参考文献

［1］陈维维．信息化视野中的学校建设［M］．长春：东北师范大学出版社，2014.

［2］程聪．高职院校信息化建设的研究与实践［M］．北京：高等教育出版社，2012.

［3］张芳．“互联网+”背景下的高校信息化建设［M］．北京：经济科学出版社，2019.

［4］谭义东．“互联网+”的高校教育信息化：慕课、微课与翻转课堂［M］．北京：九州出版社，2020.

［5］黄贤明，梁爱南，张汉君．“互联网+”背景下高等教育信息化的改革与创新研究［M］．长春：东北师范大学出版社，2018.

［6］姚玉清．现代教育信息化管理［M］．上海：同济大学出版社，2012.

［7］瞿堃，钟晓燕．教育信息化概论［M］．重庆：西南师范大学出版社，2012.

［8］赵国栋．教育信息化国际比较研究［M］．南京：江苏教育出版社，2008.

［9］云亮，赵龙刚，李馨迟，等．智慧教育：“互联网+”时代的教育大转型［M］．北京：电子工业出版社，2016.

［10］李洪波．高校数字化校园云计算应用探讨［J］．电脑知识与技术，2011（6）.